AF543578

Christian Humberg

Sagenhaft Eifel!

Abenteuer in einer fantastischen Region

Buch 5

Das Geheimnis der Säubrenner

Impressum

Text & Konzept: Christian Humberg
Serienidee: Sven Nieder & Christian Humberg
Titelbild & Illustrationen: Martin Frei
Lektorat: Anika Klüver
Fotografien: Sven Nieder, Glenn Zimmer (S. 114)
Layout: Björn Pollmeyer
Überschriften: Gnaramops von Markus Spang

Gedruckt in der Europäischen Union, Finidr, CZ

ein Imprint der Katerleuchten GmbH, Lindenstraße 14, 54550 Daun
www.eifelbildverlag.de

ISBN 978-3-946328-50-6

www.sagenhaft-eifel.de

Für Niklas,
den Expeditionsreisenden aus der Eifel.

Allzeit spannende Abenteuer!

Die Helden von Burg Krähenfels

Lena

Elias

Pikrit

Lena Schäfer ist elf, sportlich und alles andere als ein »typisches Mädchen«. Wo andere Prinzessin spielen, spielte sie schon früh viel lieber Fußball. Niemand in ganz Krähenfels klettert die glitschige Eiche auf dem Schulhof schneller hoch als sie. Lena hasst Lügen, Physikhausaufgaben und Rosenkohl. Am liebsten hält sich das kontaktfreudige blonde Mädchen, das jede neue Hose binnen weniger Stunden an den Knien aufgescheuert bekommt, im Freien auf.

Elias Schäfer ist elf, Stubenhocker und ziemlich schlau. Der schwarzhaarige Junge mit den vielen Allergien fühlt sich zwischen Büchern und Computern deutlich wohler als in der freien Natur. Sein liebster Lieblingsort von allen ist das Computerzimmer auf Burg Krähenfels. Elias durchschaut manches Rätsel schneller als seine Freunde. Auch wenn er zwei linke Hände und eine riesengroße Brille hat, helfen sein Grips und sein immenses Wissen Lena und ihm aus vielen Gefahren.

Pikrit ist ein Vulkanteufelchen niedrigsten Ranges und das Maskottchen des Internats Krähenfels, lebt es doch als Haustier bei Direktor von Schlotterfest. Pikrit ist etwa so groß und rund wie ein kleiner Fels und am ganzen Leib mit einer Haut aus Lavagestein bedeckt. Er hat lächerlich dünn wirkende Arme und Beine, in denen enorme Kraft schlummert, und eigentlich immer Hunger. Wenn er möchte, kann er sich unsichtbar machen (Experten erkennen seine Anwesenheit dann aber trotzdem noch an seinem Schwefelgeruch). Obwohl Pikrit nur selten spricht, zählen Schimpfen und Grummeln zu seinen Lieblingsbeschäftigungen. Ginge es nach ihm, läge er den ganzen Tag dösend in der Sonne; doch sein Herrchen zwingt ihn, auf Elias und Lena aufzupassen.

Prof. Dr. Dr. **Hilarius von Schlotterfest** ist der weit gereiste Leiter des Internats und Gerüchten zufolge älter als die von ihm so geliebten Eifelvulkane. Die größte Leidenschaft des weisen Direktors ist es, unheimlichen und mysteriösen Dingen auf den Grund zu gehen. Das beweist auch Krähenfels, hat er mit den dortigen Lehrern doch einige der mysteriösesten »Dinge« versammelt, die ihm auf seinen Reisen begegneten. Die Eifel mit ihren vielen Geschichten fasziniert Schlotterfest sehr; entsprechend nachsichtig reagiert er auf das ähnliche Interesse der Zwillinge.

~

Kapitel 1
Das Grauen vor den Ferien

Das Monster stand vor dem Fenster des Klassenzimmers! Es war breit wie ein Haus und hatte am ganzen Körper grüne Drachenschuppen. Seine Tentakel mit den tellergroßen Saugnäpfen zuckten in alle Richtungen, und sein gewaltiges Maul war voller Reißzähne. Als es zu knurren begann, erzitterte die Fensterscheibe.

Bloß nicht bewegen, dachte Elias Schäfer. Schockstarr stand der Junge im ansonsten menschenleeren Zimmer. Sein Blick haftete auf der grauenhaften Kreatur, als könnte er ihn nie wieder von ihr abwenden. *Vielleicht sieht es mich nicht, wenn ich mich nicht bewege.*

Kalter Schweiß lief seinen Rücken hinab, und seine Knie waren weicher als Gummibärchen, die man zu lange in der Hosentasche mitgeschleppt hatte. Was um Himmels willen geschah hier? Und warum half ihm niemand?

Wieder erklang das mächtige Knurren des Ungeheuers. Nun zitterte mehr als bloß die Scheibe.

Nicht bewegen!, warnte Elias sich wieder. Panik breitete sich in ihm aus. *Bleib stehen und …*

In diesem Moment schlug der erste Tentakel gegen das Glas. Es gab einen ohrenbetäubend lauten Rumms! Die Scheibe zersplitterte.

Elias rannte los. Schneller als der Wind wirbelte er herum und hechtete in Richtung Zimmertür. Hinter sich hörte er das Knurren des Monstrums. Aber wenn er es zur Tür und hinaus auf den Korridor schaffte, hatte er vielleicht noch eine Chance. Sein Herz schlug wie wild, und sein Atem ging stoßweise.

Nur noch drei Schritte trennten ihn von der Tür. Dann nur noch zwei. Nur noch einer.

Elias jubelte innerlich, als er die Klinke zu fassen bekam. Er riss die Tür auf, lief blindlings weiter … und prallte gegen etwas Festes.

Hart plumpste er auf den Hosenboden. Als er den schmerzenden Kopf hob, sah er, was seine Flucht gestoppt hatte. Niemand Geringeres als Doktor Frankensteins leibhaftiges Monster stand im offenen Türrahmen seiner Schulklasse!

Das Mensch gewordene Ungeheuer trug Lumpenkleidung. Es hatte schwarze Haare, aschgraue Haut und einen leeren Blick. Letzteren richtete es auf den Jungen.

»Alles in Ordnung, Hohlbirne?«, fragte es.

Und Elias schrie!

Einen Herzschlag später lachte die gesamte Klasse. Blinzelnd öffnete der Elfjährige die Augen … und verstummte.

Seine Mitschüler saßen auf ihren angestammten Plätzen. Sie glotzten ihn an und grinsten spöttisch. Selbst Lena, die direkt neben ihm saß, konnte sich das Lachen nicht mehr verkneifen.

Von Monstern und Ungeheuern fehlte allerdings jede Spur. Stattdessen fiel schönster Sonnenschein durch die makellos intakte Fensterscheibe.

»Was?«, murmelte Elias. Verwirrt hob er die Hand zum Mund, als könnte er den eben ausgestoßenen Schrei so wieder einfangen. Aber dafür war es viel zu spät. »Was ist los?«

»Genau das habe ich dich eben gefragt«, sagte Lena. »Anstatt zu antworten, hast du gequiekt wie am Spieß, Brüderchen. Schlecht geschlafen?«

Geschlafen! Das erklärte alles. Elias war mal wieder eingenickt und hatte schlecht geträumt, von Monstern und riesigen Kreaturen der Nacht. Dummerweise hatte er das mitten im Schulunterricht getan!

»Ich muss schon sagen, Elias«, meldete sich nun sein Lehrer zu Wort. »Mir gefällt, wie begeistert du dich in un-

ser heutiges Thema stürzt. Vielleicht sogar ein bisschen *zu* begeistert, findest du nicht auch?«

Professor Doktor Doktor Hilarius von Schlotterfest stand mit einem Zeigestock in der Hand vorne an der Tafel. Wie üblich trug der Schuldirektor seine packpapierfarbene Safarikleidung und ein kreisrundes Monokel im Gesicht. Sein schwarzer Schnurrbart war gepflegt, und seine Hose schlug die akkuratesten Bügelfalten, die man sich nur vorstellen konnte.

Unser Thema? Abermals blinzelte Elias. Er verstand nur Bahnhof.

Dann sah er zur Tafel hinter von Schlotterfest, und alles fiel ihm wieder ein. »Monster- und Schauerliteratur« stand in großen Lettern auf der Tafel geschrieben. Darunter prangten Bilder von Kinoungeheuern. Fledermäuse und Spinnweben aus Plastik zierten die Wände des Zimmers, und auf dem Lehrerpult stand ein waschechter Halloweenkürbis mit Monsterfratze, groß wie ein Medizinball.

Monster als Lehrstoff! Ein cooleres Unterrichtsthema konnte Elias sich kaum vorstellen. Trotzdem war er dabei eingepennt … und hatte prompt einen Albtraum gehabt. Wie peinlich! Kein Wunder, dass alle über ihn gelacht hatten.

»Ähm«, begann er. »Es tut mir leid, Herr Direktor. Kommt nicht wieder vor.«

Von Schlotterfests Mundwinkel zuckten. »Also, einer von uns muss *dringend* mal wieder ausschlafen«, murmelte er. Dann fuhr er mit dem Unterricht fort.

Lena beugte sich zu ihrem Bruder herüber. »Habt ihr Spinner wieder die halbe Nacht gebastelt, anstatt ins Bett zu gehen?«, flüsterte sie. In ihrem Tonfall lag Spott, aber auch Tadel.

»Wir basteln nicht«, erwiderte Elias trotzig. Für das, was er und sein Zimmergenosse Phillip da versuchten, hatte Lena einfach kein Verständnis. »Basteln ist für Babys, Lärma. Wir *erfinden!* Du wirst schon sehen, dass das toll wird, wenn's mal fertig ist.«

»Hohlbirne, nach eurer letzten ›tollen Erfindung‹ hat die Turnhalle des Internats zwei Tage lang gestunken wie das Kölner Bahnhofsklo bei Hochwasser.« Lena verdrehte die Augen. »Und von der davor bekam der dauerhungrige Herr Butterball einen echt hässlichen Ausschlag. Ich glaube, die Salbe benutzt er heute noch.«

Elias schluckte. Das Rezept für die »Superduperspitzenkekse«, das Phillip und er während einer ihrer »Genialen Erfindernächte der Klugheit« ausbaldowert hatten, war *wirklich* kein Erfolg gewesen. Armer Butterball! Aber war das etwa ein Grund, die Erfindernächte einzustellen? Von wegen.

»Jede Niederlage ist ein Sieg, der nur noch nicht fertig ist«, zitierte er. Den Satz brachte ihr Direktor ständig. »Wart's nur ab, Lärma. Eines Tages macht eine unserer Ideen Phillip und mich berühmt – und dann bist du ganz neidisch.«

»Auf euch?« Sie schnaubte abfällig. »Nicht in diesem Leben.« Dann drehte sie sich wieder zur Tafel um.

Auch Elias widmete sich – nach einem herzhaften Gähnen – erneut dem Unterricht. Schon nach wenigen Augenblicken hatte er den peinlichen Zwischenfall so gut wie vergessen.

Der Grund dafür war natürlich das Thema, über das ihr geheimnisvoller Schuldirektor gerade sprach. Elias hätte nie gedacht, dass ausgerechnet die sonst so staubtrockenen

Lehrer des Internats Krähenfels einmal so coole Ideen haben würden. Monster und Ungeheuer im Unterricht! Besser konnte ein letzter Schultag vor den großen Ferien gar nicht verlaufen, oder?

Das Internat Krähenfels, auf dem die Schäfer-Zwillinge mit ihren vielen Mitschülern lebten, lag in einer echten alten Burg. Sie stand in den tiefen Wäldern der Eifel und somit in einer Region, die Elias und Lena noch vor einigen Monaten kaum gekannt hatten. Sie waren Stadtkinder, und der Umzug in die als langweilig und öde empfundene Provinz – in diese Gegend voller Natur und Vulkane, voller endlos scheinender Kuhweiden und buckeliger Feldwege – hatte sie nicht gerade begeistert. Doch schon nach kurzer Zeit waren die Schäfers in ein atemberaubendes Abenteuer gestürzt, dem bis heute neue folgten. Denn die Eifel war alles andere als langweilig, wenn man nur genau hinschaute!

Überall stieß man hier auf alte Sagen und Legenden. Auf Geschichten von verwunschenen Schlössern, von gruseligen Zaubern und gespenstischen Ereignissen, die sich kein Fantasyautor der Welt je hätte ausdenken können. Die alten Einwohner der Region schworen Stein und Bein darauf, dass diese Geschichten durch und durch wahr waren. Und sie hatten recht!

Die Eifel war ein magischer Ort, so viel hatten Elias und Lena inzwischen gelernt. Eine Region, in der alte Legenden und Geheimnisse jederzeit zu neuem Leben erwachen konnten. Wo sonst befand sich ein echtes Märchenschloss am Grund eines Vulkansees? Wo sonst lockte eine waschechte Teufelsschlucht mit bösem Zauber? Überall gab es hier aufregende Abenteuer zu entdecken, und nicht selten brachten sie die Zwillinge in höchste Gefahr!

»Also gut, Leute«, sagte Professor von Schlotterfest gerade. Der Direktor deutete mit seinem Zeigestock auf die Tafel. »Wer von euch kann mir sagen, warum Gruselgeschichten wie die von Frankenstein schon seit Jahrhunderten so beliebt sind?«

Elias sah sich unter seinen Mitschülern um. Mehtap, die schwarzhaarige Besserwisserin, zuckte ratlos mit den Schultern. Auch Lena wirkte kurz überfragt.

Dann zeigte Phillip auf. »Weil wir uns gerne gruseln?«

»Ich nicht«, sagte Lena.

»Ich auch nicht«, fand Mehtap. »Angst haben ist doof.«

»Angst haben schon«, stimmte Professor von Schlotterfest zu. Er lächelte wissend. »Aber sich gruseln ist nicht dasselbe wie Angst haben, Mehtap. Phillip hat schon ganz recht: Wir mögen es, wenn Geschichten unsere Nerven kitzeln. Wenn sie uns das Gefühl geben, dass alles am seidenen Faden hängt und jederzeit eine Katastrophe geschehen kann – wir aber *gleichzeitig* ganz genau wissen, dass das alles nur erfunden ist.« Er trat näher. Kurz vor Lena blieb er stehen und sah zur Klasse. »Denn die Angst vor dem Fremden, mit der solche Geschichten spielen, ist eine trügerische Angst. Das Fremde ist nicht böse, Leute. Es ist uns nur fremd. Und es liegt allein an uns, das zu ändern. Gruselgeschichten sind da wie Achterbahnfahrten, versteht ihr? Sie tun so, als hätten wir allen Grund der Welt, uns zitternd unter der Bettdecke zu verkriechen. Aber wir Leser wissen stets, dass das nicht stimmt. Es gibt keine Monster.«

Elias hob eine Braue. Er und Lena wechselten einen verschwörerischen Blick. Dann korrigierte sich der Direktor sogar selbst.

»Obwohl, nun ja …« Von Schlotterfest nahm sein Monokel vom Auge und polierte es mit einem weißen Stofftaschentuch aus seiner Safarianzugtasche. »Wenn ich da an einige meiner Weltreisen denke … Kinder, nehmt einen gut gemeinten Ratschlag an: Wagt euch nie in einer Vollmondnacht zu den versunkenen Tempeln von …«

Das laute Gebimmel der Schulglocke unterbrach seine Ansprache an der wohl spannendsten Stelle. Sofort klappten Phillip, Mehtap und die übrigen Schüler die Bücher zu. Jubel brandete auf, und Elias sah, wie sogar Lena sich begeistert die Hände rieb.

»Endlich Ferien!«, rief Paul, das Sportass aus der letzten Reihe.

»Endlich nach Hause«, rief Mehtap freudestrahlend. »Ich habe meine Oma seit Wochen nicht mehr gesehen. Es wird höchste Zeit.«

Auch Elias konnte es kaum erwarten. Es war das erste Mal, dass er und Lena die großen Ferien als Internatsschüler erlebten. Bald würde ihr Papa sie an der Pforte der Burg Krähenfels abholen, und dann konnten sie ganze sechs Wochen wieder zusammen sein – zu dritt daheim in der Stadt. Die Aussicht darauf war spannender als jede Geschichte, fand er.

Doch Direktor von Schlotterfest hatte andere Pläne. »Moment, Moment!«, rief er und hob beschwichtigend die Hände. »Alle sitzen bleiben. *Ich* beende den Unterricht, nicht die Glocke.«

Die Schüler, die schon nach ihren Taschen gegriffen hatten und sehnsüchtig zur Tür schielten, setzten sich murrend. Was kam denn *jetzt* noch?

»Ich muss schon sagen.« Professor von Schlotterfest schmunzelte, als hätte er eine Überraschung vorbereitet. »Ihr enttäuscht mich. Ich hatte erwartet, dass ihr es von allein merken würdet. Ihr seid doch sonst immer so gut darin, auf alles andere *außer* auf meine Tafel zu achten.«

Elias runzelte die Stirn. Merken? Was hätten sie denn merken sollen?

Auch die anderen Schüler sahen sich um. Nichts im Klassenzimmer sah anders aus als an jedem anderen Tag, von der lustigen Gruseldekoration mal abgesehen.

Dann streckte Lena den Arm aus. »Da!«, rief die Elfjährige und deutete zum Fenster.

Sofort sprangen die Schüler von ihren Plätzen. Jeder wollte der Erste an der Scheibe sein.

Elias musste sich auf die Zehenspitzen stellen, um über Pauls Schulter ins Freie blicken zu können. Und sofort begriff er. »Die Burg steht wieder woanders!«

Krähenfels hatte viele Rätsel und Besonderheiten – und die eigenartigen Lehrer, die hier arbeiteten, zählten fraglos dazu. Doch die wohl verrückteste Eigenschaft der alten Burg bestand darin, dass sie sich bewegte. Von einem Moment zum anderen konnte das Internat seinen Standort wechseln und mal hier und mal dort in der Eifel erscheinen – eben noch im Hohen Venn, dann vor den Toren von Bitburg oder Manderscheid, nachher vielleicht im Tal der Mosel oder auf den Obstbaumfeldern des Ferschweiler Plateaus. Wo immer eine alte Sage zu neuem Leben erwachte und den Menschen Probleme bereitete, war das Internat zur Stelle!

Elias und Lena hatten keinen blassen Schimmer, wie die Burg das machte. Ihr Direktor wusste es ganz bestimmt. Aber bislang hatte er kein Wort darüber verloren.

»Gibt es wieder Arbeit für uns, Herr Direktor?«, fragte Lena den Mann in der Safarikleidung. »Ein neues Abenteuer?«

Von Schlotterfest war ebenfalls ans Fenster getreten. Er schüttelte den Kopf. »Das nicht. Aber ich dachte mir, dass wir die Ferien dieses Jahr mit einem kleinen Fest beginnen lassen. Schau. Ahnst du, was ich meine?«

Elias sah aus dem Fenster. Die Burg stand am Rande einer kleinen Stadt, so viel erkannte er. Da waren Häuser, Kirchtürme, sogar ein schöner Park. Und …

»Ist das ein Riesenrad?«, fragte Mehtap voller Begeisterung. Sie hatte das eigenartige Gestell, das über einige der Dächer hinausragte, als Erste bemerkt. »Bauen die da etwa ein Riesenrad auf?«

»Dann weiß ich, wo wir sind!« Phillip knuffte Elias in die Seite. »Guck dir mal die Kirchtürme an, Elias. Das *kann* nur ein Ort sein.«

Ratlos hob er die Schultern. »Nämlich?«

Jubel brandete auf. Mehtap und Paul klatschten sich lautstark ab.

»Wittlich«, murmelte Lena. Schnell drehte sie sich zum Direktor um. Auch sie freute sich. »Ist das wahr? Gehen wir tatsächlich dahin?«

»Wohin denn?«, fragte Elias. Er verstand noch immer nicht.

Der Direktor lächelte. »Auf die Säubrennerkirmes, mein Junge. Aufs vielleicht größte Volksfest der gesamten Eifel. Ich dachte mir, einen besseren Start in die großen Ferien *kann* ich euch gar nicht bieten.«

Nahezu sofort brachen die Schüler auf. Professor von Schlotterfest und die anderen Lehrer geleiteten sie aus der Burg und mit erstaunlicher Ortskenntnis durch die sonnenbeschienenen Straßen und Gassen von Wittlich – dem erwarteten Kirmestrubel entgegen.

Die etwa zwanzigtausend Einwohner zählende Gemeinde Wittlich lag zwischen Koblenz und Trier und nur einen Katzensprung vom weltberühmten Tal der Mosel entfernt. Elias sah alte, gut erhaltene Häuser mit prunkvollen Fassaden und einen kleinen Fluss, der, wie Phillip ihm erklärte, Lieser hieß. Es gab sogar – in Gestalt des sogenannten »Türmchens« – die Überreste einer Stadtmauer aus früheren Zeiten zu bestaunen.

Doch die Schüler hatten nur noch eins im Kopf. »Sind wir bald da?«, rief Mehtap nun schon zum vierten Mal, seit sie das Internat verlassen hatten. »Ich will Popcorn.«

»Und ich will aufs Kettenkarussell«, verkündete Paul. Er strahlte übers ganze Gesicht. »Eine Stunde lang. Und dann noch eine.«

»Wir sind noch nicht da«, antwortete Herr Geiergift. Der Lehrer mit der Hakennase und dem schwarzen Anzug war dauernd streng und hielt Spaß vermutlich für eine Krankheit. »Also hört endlich auf zu fragen.«

»Und niemand kann zwei Stunden lang aufs Karussell, Paul«, tadelte seine Kollegin, die nicht minder strenge Eusebia Schipanelli, den Jungen. Sie trug erneut eines ihrer schwarzen Kleider, die aussahen, als gehörten sie in ein früheres Jahrhundert. »Dann wird dir doch schwindelig!«

»Mir?« Paul wirkte ehrlich überrascht. »Ach was, Frau Schipanelli. Das halte ich locker aus.«

Elias trat zu seiner Schwester und senkte die Stimme. »Hast du Pikrit gesehen? So einen Ausflug lässt der sich doch bestimmt nicht entgehen.«

Pikrit war der beste Freund der Zwillinge und ein weiteres von Professor von Schlotterfests spannenden Abenteuern. Der kleine Kerl mit dem großen Appetit war ein Lavaat, ein sogenanntes Vulkanteufelchen, und zählte zu den heimlichen Ureinwohnern der Eifel. Die haarlosen Wesen mit Haut aus erkalteter Lava waren in der Region keine Seltenheit. Dennoch hatte kaum ein Mensch sie je zu Gesicht bekommen. Denn die etwa felsgroßen Lavaats konnten sich unsichtbar machen und zeigten sich nur, wenn sie es wollten. Was, zugegeben, eher selten vorkam. Denn vor allem wollten sie eines: faulenzen.

»Garantiert ist der hier irgendwo«, antwortete Lena. »Wahrscheinlich springt er gerade kopfüber in einen Bottich voller Zuckerwatte. Oder er erschreckt Kirmesbesucher in der Geisterbahn.«

Das konnte sich Elias gut vorstellen. Pikrit war ein ausgesprochener Frechdachs, der liebend gern Streiche spielte. »Wir sollten ihn besser schnell finden«, schlug er vor, »und im Auge behalten. Sonst stellt der noch irgendeinen Unfug an.«

Lena nickte. »Gute Idee. Sicher ist sicher.«

Direktor von Schlotterfest, der der Gruppe vorausging, blieb an einer Straßenecke stehen. »Achtung, Achtung«, begann er, »wir betreten jetzt das Festgelände. Benehmt euch, Kinder, und geht mir nicht im Trubel verloren, ja?«

»Wir sind am Ziel?«, wunderte sich Elias. »Aber ich höre gar keine Musik. Und kannst du etwa Popcorn riechen?«

Lena schüttelte den Kopf. »Das ist ja eigenartig.«

Sie folgten ihren Lehrern um die Straßenecke und erreichten ein breites, gepflastertes Gelände in der Innenstadt von Wittlich. Rechts und links flankierten Geschäfte und Cafés den Platz, der laut eines unübersehbar großen Hinweisschilds »Pariser Platz« hieß. Ein steinerner Brunnen stand auf ihm, aber auch mehrere Kirmesbuden in halb fertigem Zustand. Elias sah Männer und Frauen in Overalls und anderer Arbeitskleidung, die hämmernd und sägend zwischen den einzelnen Buden hockten. Andere verlegten Kabel und schlossen Wasserleitungen an. Zwei Lieferwagen standen mitten auf der Fläche und blinkten mit ihren Blinkern. Überall herrschte Betrieb – nur noch kein *Kirmes*betrieb.

»Die bauen ja erst auf«, klagte Mehtap. Enttäuscht blieb sie stehen.

Lena sah zu Phillip. »Kommen wir etwa zu früh?«

Die gleiche Frage stellte Professor von Schlotterfest gerade seinen Kollegen. Herr Butterball, der stämmige Lehrer mit der Mönchsfrisur, zuckte ratlos mit den Schultern.

»Laut meiner Uhr nicht, Herr Direktor. Die diesjährige Säubrennerkirmes sollte laut Programm schon vor zwei Stunden begonnen haben und …«

In dem Moment kam ein Mann aus einer Seitengasse auf den Pariser Platz getreten. Er hatte schwarzes, seitlich gescheiteltes Haar und eine dicke Brille. Außerdem trug er einen dunklen Anzug mit gestreifter Krawatte. Als er die Gruppe von Burg Krähenfels bemerkte, blieb er abrupt stehen. »Hilli?«, fragte er verdutzt. »Hilli, bist du das?«

Direktor von Schlotterfest drehte sich um. »Felix!«, rief er. »Wie schön, dich wiederzusehen.« Dann ging er mit weit ausgebreiteten Armen auf den Fremden zu.

Elias und Lena wechselten einen Blick. »Hilli?«, fragte Elias. Er konnte sich das Grinsen nur mit Mühe verkneifen.

»Sei bloß still«, wisperte seine Schwester. Auch sie grinste. »Den Spitznamen wollte der Direktor bestimmt für sich behalten.«

Neugierig sah Elias zu den beiden ungleichen Männern. »Hilli« und dieser Felix begrüßten sich wie alte Freunde. Dann legte Professor von Schlotterfest dem Mann im Anzug den Arm um die Schultern und führte ihn zum Rest der Gruppe. »Felix, darf ich dir mein Internat vorstellen? Freunde und Kollegen, liebe Schüler, das hier ist Felix Feyerlich, der Bürgermeister dieses schönen Eifelstädtchens.«

»Hilli und ich kennen uns schon sehr lange«, ergänzte der Bürgermeister. Dann stutzte er. »Oder sollte ich dich besser nicht so nennen? Vor den ganzen Kindern, meine ich …«

Der Direktor winkte ab. »Vergossene Milch, Felix«, antwortete er seufzend. »Vergossene Milch.«

Mehtap hob einen Arm und schnippte sogar mit den Fingern. »Darf ich eine Frage stellen, Hil… äh, Herr Direktor?«

Er nickte. »Nur zu.«

»Warum hat die Kirmes noch nicht angefangen? Ich wollte doch Popcorn.«

»Ja, genau«, meinte Phillip. »Wo geht's denn zu den Karussells und so?«

Nun war Felix Feyerlich derjenige, der seufzte. »Ich fürchte, wir hängen dieses Jahr ein wenig im Zeitplan«, antwortete er. Dabei deutete er zu den Arbeitern rechts und links des Platzes. »Ein alter Nörgler aus der Nachbarschaft wollte uns beim Aufbau behindern, aber ich habe ihn des Platzes verwiesen. Spätestens heute Abend geht es los! Dann müsst ihr unbedingt wiederkommen und mit uns die Legende der Säubrenner feiern.«

Lena runzelte die Stirn. »Jemand wollte verhindern, dass die Kirmes stattfindet?«, murmelte sie. »Warum das denn?«

Elias plagten jedoch ganz andere Fragen. »Was ist eigentlich ein Säubrenner? Das Wort höre ich heute zum ersten Mal.«

Feyerlich hob staunend die Brauen. »Kennt ihr etwa unsere Stadtsage nicht?«

Lena, Elias und die anderen schüttelten die Köpfe.

»Ich hatte gehofft, dass du das übernimmst«, sagte Professor von Schlotterfest zu seinem alten Freund. »Dann lernen sie es direkt von der Quelle, sozusagen.«

Der Bürgermeister ließ sich nicht zweimal bitten. »Die Geschichte der Säubrenner ist ganz eng mit der von Wittlich verbunden, wisst ihr?« Er faltete die Hände und begann zu erzählen. »Vor vielen Hundert Jahren war unser schöner Ort in Gefahr. Ein Raubritter hatte ihn mit seinen Mannen umzingelt! Friedrich von Ehrenberg hieß er, und mit ihm war alles andere als gut Kirschen essen.«

»Und was unternahmen Ihre Vorfahren gegen ihn?«, wollte Paul erfahren.

»Sie igelten sich ein«, antwortete Feyerlich. »Alle Tore in der Stadtmauer wurden fest verriegelt und verschlossen, damit Friedrich nicht in die Stadt konnte.«

Elias erinnerte sich, vorhin Reste dieser Mauer gesehen zu haben. Der Teil der Geschichte klang also schon mal glaubhaft.

Feyerlich fuhr fort. »Eines Nachts hatte ein Wächter Dienst an der Stadtmauer. Er stellte fest, dass ihm ein Riegel fehlte, um eines der Tore zu sichern. Da er sich nicht anders zu helfen wusste, nahm er einfach eine lange Rübe und benutzte sie anstelle des fehlenden Bolzens.«

Lena lachte auf. »Der hat das Stadttor mit einer Möhre verschlossen? Echt?«

»Er versuchte es zumindest«, antwortete der Bürgermeister. »Doch in dieser Nacht kam ein Schwein, das einem hiesigen Bauern gehörte, an dem Tor vorbei. Es fand wohl Gefallen an der Rübe, denn es fraß sie komplett auf.«

»Aber dann stand das Tor ja offen!«, stellte Elias erschrocken fest.

»Ganz genau.« Feyerlich nickte. »Der böse Ritter fiel sofort über Wittlich her und nahm alle Bürger gefangen. Es dauerte lange, bis die Einwohner sich gegen ihn wehren und ihn vertreiben konnten. Als sie Friedrich endlich los waren und die Stadt wieder ihnen gehörte, schworen sie sich, dass sich so etwas nie wiederholen würde. Sie trieben alle Schweine des Ortes zusammen, steckten sie in Brand und …«

»Wie bitte?« Mit weit aufgerissenen Augen starrte Lena den Bürgermeister an. »Ich hör wohl nicht richtig. *Was* haben die gemacht?«

»Es heißt Säubrennerkirmes, Lena«, antwortete der Direktor. »Weil die Menschen im Mittelalter ihre Schweine lieber zu Braten verarbeitet haben, als dass sie noch einmal so eine Gefahr zulassen wollten.«

Oh, oh. Elias verstand. *Der Teil der Sage kommt bei meiner Schwester bestimmt nicht gut an.* Lena war eine ausgesprochene Tierfreundin.

»Diese Monster!«, schimpfte sie auch prompt. »Als wäre das alles die Schuld der armen Schweinchen gewesen. Die hatten doch bloß Hunger.«

»Jedenfalls ist Wittlich seitdem die Stadt der Säubrenner«, schloss Feyerlich seine Ausführungen schnell ab. »Und das feiern wir jeden Sommer mit einem riesigen Fest.«

»Zu dem wir dann einfach heute Abend wiederkommen werden«, beendete der Direktor das Gespräch. Er sah zu seinen Schülern. »Bis dahin könnt ihr euch vorbereiten. Eure Lehrer und ich haben nämlich eine spannende Stadtrallye für euch ersonnen.«

Wie aufs Stichwort machten sich Butterball, Geiergift und Schipanelli daran, Klemmbretter zu verteilen. Darauf standen viele Fragen über die Stadt Wittlich und ihre berühmte Kirmes.

»Moment mal«, entfuhr es Elias. »Wir sollen hier Fragen beantworten? Das … Das ist ja wie Hausaufgaben. Wir haben doch Ferien!«

Mehtap lächelte. »Stell dich nicht so an. Ich finde, so eine Stadtrallye klingt spannend.«

»Jedenfalls spannender als brennende Schweinchen«, murmelte Lena und griff nach ihrem Klemmbrett.

~

Kapitel 2
Die Nacht des Wolfs

Wenige Stunden später erstrahlte Wittlich in herrlichstem Glanz. Lena saß in einer der Gondeln des großen Riesenrads und sah fasziniert auf die vielen Lichter hinunter. All die Kirmesbuden, Fahrgeschäfte und Marktstände funkelten so hell und bunt, als wollten sie die nahende Nacht in ihre Schranken weisen.

Auch Pikrit war begeistert. Der kleine Lavaat stand an der Brüstung der Gondel, hüpfte auf und ab und winkte den Menschen zu, die unten zwischen den vielen Attraktionen umherschlenderten.

»Buh«, rief er dabei mit seiner tiefen Ofenrohrstimme. »Buuuuuuh!«

»Lass gut sein, Pik.« Elias schlug die Beine übereinander und lachte. »Die hören dich sowieso nicht. Du kannst sie von hier oben aus nicht erschrecken.«

»Und das ist gut so«, schimpfte Lena. Sie schlug den Kragen ihrer Jacke hoch. Es wurde doch recht kühl hier oben in der Luft. »Pfui, Pik. Böser Pik. Man darf keine Leute erschrecken, hörst du?«

»So wie der hier herumhampelt«, murmelte Phillip, der Vierte in ihrem kleinen Bunde, »fällt der gleich aus der Gondel. Dann erschreckt er die Kirmesbesucher erst so richtig.«

»Setz dich, Pik«, wies Lena ihren kleinen Freund prompt an. »Das ist viel zu gefährlich. Und ungezogen.«

Der Lavaat gehorchte nur widerwillig, aber er gehorchte.

»Armer Pik.« Elias tätschelte ihm den kahlen Schädel. »Du willst doch nur Spaß haben.« Dann sah er zu Lena. »Was ja absolut unverständlich ist. Auf einer Kirmes.«

Seine Schwester ließ sich kein bisschen provozieren. »Hör auf zu spotten, Hohlbirne«, sagte sie. »Nimm dir lieber ein Beispiel an Phillip und mir.«

Phillip widmete sich bereits wieder der Stadtrallye, an deren Aufgaben Lena und er seit Stunden arbeiteten. »Ortsgründung«, las er murmelnd vom Klemmbrett ab. »Leute, wisst ihr, wann Wittlich gegründet wurde? Ich habe keine Ahnung.«

»Ihr spinnt doch.« Elias lehnte sich zurück und steckte sich genießerisch etwas Zuckerwatte in den Mund. »Das hier

ist die erste Riesenradfahrt der Sommerferien, und anstatt sie zu genießen, macht ihr Hausaufgaben für den Direktor.«

»Ferien!«, jubelte Pikrit und riss die kleinen Arme in die Höhe.

Lena warf ihm einen strafenden Blick zu. Und Elias gleich mit, nur zur Sicherheit.

Auch wenn sie es ungern zugab: Lena amüsierte sich königlich. Mit wachsender Begeisterung schlenderte sie an den vielen Schaubuden und Fahrgeschäften vorbei, die die Straßen und Plätze in der Wittlicher Innenstadt säumten. Es gab kandierte Äpfel und süße Getränke, leckeren Flammlachs und goldbraune Pommes frites, Luftballons und jede Menge Musik. Auf kleinen Bühnen fanden tolle Shows statt, und überall – selbst hier, kurz vor Ende des Kirmesplatzes – gab es neue Attraktionen zu entdecken.

Auch die beiden Jungs an ihrer Seite hatten Spaß in dem festlichen Trubel. Seit sie die Gondel verlassen hatten, spazierten sie über die Kirmes. Pikrit, der sich wieder unsichtbar gemacht hatte, war ebenfalls stets in ihrer Nähe. Das merkte Lena, wann immer sich jemand erschrocken umdrehte und dann doch niemanden sah.

»Hör auf, die Passanten zu kitzeln, Pik«, zischte das Mädchen nicht zum ersten Mal. »Das ist gemein.«

»Was murmelst du, Schwesterherz?« Elias legte ihr einen Arm um die Schultern. »Dass du deinem Lieblingsbruder unbedingt eine große Cola spendieren möchtest? Ja, das darfst du natürlich gerne tun.«

»Und wovon träumst du nachts, du Spinner?«, gab sie lachend zurück.

Phillip studierte derweil das Klemmbrett mit den Fragen der Stadtrallye. »Sieht einer von euch ein Straßenschild? Wir müssen zur Alten Synagoge.«

»Schilder?« Nun war Elias derjenige, der lachte. »In dem Durcheinander aus Menschen und Lichtern, das hier überall herrscht, sieht man kaum die Häuser jenseits der Buden. Und dann kommst du mir mit Schildern?«

Auch Lena kapitulierte. »Gib es auf, Phillip. Hier ist viel zu viel los, als dass wir noch Spuren suchen könnten. Genieß lieber die Kirmes und …«

In dem Moment hallte ein gellender Schrei über den Platz, lauter als jede Musik! Überall blieben die Passanten stehen und sahen sich fragend um. Köpfe wurden gereckt, Augenbrauen gehoben.

Erschrocken verharrten die drei Freunde auf dem Gehweg.

»Was in aller Welt war das?«, murmelte Lena.

Phillip deutete voraus. »Das klang fast, als bräuchte jemand Hilfe. Irgendwo da hinten.«

»Wusste ich's doch«, sagte Elias voller Entschlossenheit. »Wenn Burg Krähenfels irgendwo in der Eifel auftaucht, dann gibt es da auch ein Rätsel zu lösen!«

»Vielleicht hat es sich uns ja gerade offenbart«, schlug Lena vor.

Gemeinsam rannten sie los, der Quelle des Schreis entgegen. Nach etwa fünfzig Metern erreichten sie das hintere Ende des festlichen Geländes. Lenas Blick fiel auf Absperrungen, hinter denen menschenleere und dunkle Straßen warteten, auf geparkte Autos und auf einen ramponiert wirkenden Toilettenwagen, aus dem gelbliches Licht auf die Straße strömte. Nur am Getränkestand, der das Gelände begrenzte, standen noch ein paar wackere Gestalten, die wohl zu tief ins Glas geschaut und dabei die Zeit vergessen hatten. Eine von ihnen zitterte wie Espenlaub.

»Ganz ruhig, Elvira«, sagte der Mann neben der ängstlich wirkenden Frau. »Das hast du dir nur eingebildet. Das war bloß der Moselwein, sonst nix.«

Das Paar war um die sechzig Jahre alt. Der Mann hatte einen stattlichen Bauch, über den sich ein buntes Hemd spannte, und sprach Hochdeutsch mit Eifler Akzent. Seine Begleiterin trug die vielleicht größte Brille von ganz Wittlich.

»Da war ein Monster, Karl-Heinz«, beharrte sie im gleichen Akzent wie ihr Mann. Selbst das Weinglas in ihrer erhobenen Hand zitterte. »Wenn ich es doch sage. Da hinten in der Gasse hat es gestanden, ganz groß und zottelig. Mit Krallen an den Fingern und mit riesigen Zähnen!«

»Ein Monster, ja klar.« Karl-Heinz schmunzelte und nippte an seinem Bier. Er glaubte ihr kein Wort.

»Entschuldigung?«, begann Lena. Fragend ging sie auf die zwei zu. Sie wollte gern mehr von der Frau wissen. »Haben *Sie* vorhin so geschrien? Was haben Sie denn genau geseh...«

Sie kam nicht dazu, den Satz zu beenden. Plötzlich wurden Schritte laut, und niemand Geringeres als Felix Feyerlich persönlich kam aus einer Seitengasse gerannt. Der Bürgermeister wirkte blass. Er sprang über die Absperrung und kam, vor Anstrengung keuchend und schnaufend, zum Getränkestand.

»Guten Abend«, grüßte er die Versammlung. Dabei wirkte sein Lächeln so falsch wie sein übertrieben fröhlicher Tonfall. »Na, amüsieren Sie sich? Ist alles in Ordnung?«

»Ja, alles bestens«, meinte Karl-Heinz. Gönnerhaft strich er seiner Frau über den Hinterkopf. »Elvira hat bloß ein bisschen zu viel Wein getrunken.«

Die Anspannung fiel von Feyerlich ab wie ein Felsbrokken. Seine Miene hellte sich auf, und Lena sah regelrecht, wie er tief und erleichtert durchatmete. »Ach, na dann ist ja gut.«

Erst jetzt fiel ihr auf, dass der Bürgermeister die ganze Zeit eine Hand unterm Jackett hielt. Hatte er da etwa einen Gegenstand, den er niemandem zeigen wollte? Die Situation war wirklich eigenartig.

Dann erklang eine weitere Stimme, ganz rau und mürrisch. »Typisch.«

Lena stutzte. Neugierig drehte sie sich um. »Wie bitte?«

Ein zweiter Mann stand am Tresen. Er hatte schulterlanges Haar, das ihm zottelig vom Kopf abstand und völlig grau war, genau wie sein Bart. Das wettergegerbte Gesicht war von Falten durchzogen, und die Kleidung, die er trug, wirkte zerknittert. Außerdem kam sie Lena ein bisschen militärisch vor. Wie die Reste einer alten Uniform, die mit allerlei Flickzeug und bunten Aufnähern vor dem Verfall gerettet wurde – und das schon seit Jahrzehnten.

»Haben Sie etwas gesehen?«, fragte Elias den Fremden.

Der Mann schüttelte den Kopf. »Muss ich nicht«, sagte er. Das große Bier, von dem er trank, war garantiert nicht sein erstes an diesem Abend. »Ich weiß auch so, was los ist.«

»Ach ja?« Phillip sah verdutzt aus. »Was denn?«

»Die allerbeste Kirmes der Welt«, antwortete der Bürgermeister ebenso schnell wie laut. Dabei trat er neben den grauhaarigen Fremden und sah ihn warnend an. »Richtig, Matty? Nur das.« Dann legte er ihm den Arm um die Schultern und senkte die Stimme. »Hatte ich dir nicht verboten, zurückzukommen? Du machst meinen Gästen Angst, du alter Sturkopf. Hör auf damit, oder ich rufe die Polizei!«

Matty. So lautete sein Name also. Lena war kein Ass in Englisch, aber sie wusste, dass Matty die Kurzform von Matthew war. Und sie begriff, dass dieser Mann der alte Nörgler sein musste, der die Kirmes hatte verhindern wollte. Die Uniform des Mannes sah irgendwie amerikanisch aus: packpapierfarbener Stoff, fleckige Tarnhose, schwere und schwarze Stiefel. Die schrill wirkenden Hosenträger und der Nietengürtel passten da schon weniger ins Bild, aber gewiss zum Charakter dieses seltsamen Vogels.

»Ich lass mich nicht verscheuchen«, sagte Matty. Er schüttelte den Arm des Bürgermeisters ab und ging davon. Jenseits der Absperrung blieb er stehen und sah zu Herrn Feyerlich zurück. »Denn ich habe recht, Felix. Du willst das nur nicht wahrhaben. Aber das da eben? Das war er! Er ist wieder da! Und jetzt unternimm was, bevor er mehr tut, als nur alte Frauen zu erschrecken!«

Staunend verfolgten die drei Freunde den Streit der Erwachsenen. »Er?«, wagte Elias zu fragen. »Wen meinen Sie denn?«

»Den Werwolf«, antwortete Matty leise. »Der Werwolf von Wittlich ist zurückgekehrt.«

Dann drehte er sich um und verschwand mit wenigen Schritten in den Schatten jenseits des Festgeländes.

Kapitel 3
Streng geheim und echt gefährlich!

»Werwölfe, so ein Unfug.« Lena lehnte sich auf dem Berg aus Kissen zurück, den sie sich in der gewohnt unaufgeräumten Zimmerecke aufgetürmt hatte, und schloss seufzend die Augen. »Der Kerl war doch betrunken. Und diese Elvira auch.«

Elias nickte. Trotzdem hatte er Zweifel.

Die Freunde befanden sich wieder auf Burg Krähenfels, genau wie ihre Mitschüler und Lehrer. Es war spät geworden, und ein kühler Nachtwind pfiff inzwischen um die alten Mauern des Internats. Durch das Fenster seines Zimmers konnte Elias die Wipfel der nahen Bäume sehen. Der Eifler Wald, der jenseits der Burgmauern begann, wogte hin und her wie ein dunkler Ozean. Am Himmel leuchteten

Sterne und in der Ferne die allmählich verblassenden Lichter der Säubrennerkirmes.

Der Abend zwischen all den bunten Attraktionen war toll gewesen. Schon morgen würde die Schule ihren Ausflug nach Wittlich fortsetzen und einmal mehr die Karussells und Süßwarenstände stürmen. Doch irgendwie war Elias die Lust daran vergangen.

Auch Phillip schien zu zögern. Er saß auf der Kante seines Betts, das sommersprossige Gesicht voller Sorge. »Und wenn doch?«, wandte er sich an Elias' Schwester. »Was, wenn tatsächlich ein Werwolf die Kirmes unsicher macht, Lena? Morgen kommen bestimmt wieder Tausende Menschen aufs Festgelände. Die sind dann alle in großer Gefahr! Du hast doch im Unterricht aufgepasst. Du weißt, wie diese Ungeheuer sein können.«

»Vor allem weiß ich, dass sie *nicht echt* sind«, erwiderte sie müde. »Es gibt keine Werwölfe, Jungs. Hört auf mich, denn ich bin älter als ihr.«

»Zwei Minuten«, schimpfte Elias leise. Müde war er auch, aber war das ein Grund, sich so anzustellen? »Nur zwei klitzekleine Minuten bist du älter als ich. Und trotzdem kommst du immer damit an, als wäre das ein Argument.«

Je länger er über die Ereignisse dieses Tages nachdachte, desto rätselhafter fand er sie. Er trat vom Fenster weg und setzte sich an den mit allerlei Comicheften, Schulbüchern und halbfertigen Erfindungen übersäten Schreibtisch.

»Überlegt doch mal«, sagte er. »Dieser Herr Feyerlich wirkt ganz schön nervös, oder? Irgendetwas verheimlicht der Typ! Und seine Kirmes war nicht rechtzeitig fertig für die geplante Eröffnung. Das kam in Wittlich bestimmt noch nie vor. Erinnert ihr euch daran, wie schnell er vorhin zu Elvira und Matty gerannt kam? Wie er die ganze Zeit eine Hand unter der Jacke hielt, so als hätte er dort irgendetwas versteckt?«

»Das war bestimmt eine Waffe«, vermutete Phillip. »Um den Werwolf damit zu verscheuchen.«

»Ganz genau.« Elias nickte. »Der Bürgermeister glaubt an das, was dieser Matty sagt: dass in Wittlich ein Werwolf sein Unwesen treibt. Und Matty ist wütend auf ihn, weil er trotzdem nichts unternimmt. Weil Herr Feyerlich die ganze Sache geheim halten will und vermutlich hofft, dass das Monster, das Elvira gesehen hat, von selbst wieder verschwindet.«

Lena sah von ihren Kissen auf. »Gibt's gegen euch beide eigentlich eine Medizin?«, fragte sie kopfschüttelnd. »Ehrlich, Hohlbirne: Das wird immer schlimmer mit euch. Nicht nur, dass ihr die Schule mit euren bescheuerten Erfindungen terrorisiert. Jetzt denkt ihr euch sogar schon Gruselgeschichten aus – und glaubt sie selbst!«

Elias gab seine Überzeugungsversuche auf und sah zur Seite. »Was meinst du, Pik? Sind das nur Geschichten, oder gibt es den Werwolf von Wittlich tatsächlich?«

Der Lavaat saß auf der oberen Matratze des großen Hochbetts. Die ganze Zeit über hatte er sich ruhig verhalten, was alles andere als typisch für ihn war. Nicht einmal die Kieselsteine, mit denen Phillip ihn ködern wollte, hatten ihm eine Reaktion entlockt. Dabei waren Kiesel Pikrits Leib- und Magenspeise. Nun aber schälte sich der kleine Kerl aus der Bettdecke, die er um sich gewickelt hatte, und sprang vom Bett. Mit tapsenden Schritten trat er zum Fenster und deutete ins Freie. Seine Hand zitterte.

Der hat Angst!, begriff Elias, und mit einem Mal plagten ihn keine Zweifel mehr.

»Mooond«, sagte Pikrit wissend und mit tiefer Stimme.

Erstaunt bemerkte Elias, dass der Mond tatsächlich so gut wie voll war. Was das bedeutete, wusste er genau.

Auch Phillip begriff sofort. »Bei Vollmond verwandeln sich Menschen in Werwölfe!«, rief er aus. »Das hat der Direktor heute in der letzten Stunde genau beschrieben. In den Büchern ist das immer so.«

»Das waren Geschichten«, schimpfte Lena wieder. Vor lauter Müdigkeit war ihre sonst so gute Laune im Keller. »Erfundene Märchen. Romane, Filme und so weiter. Aber keine Realität.«

Elias sah sie streng an. »Das hat man über den Riesen Kakus auch gesagt. Genau wie über den Spuk am Laacher See. Niemand hat mehr daran geglaubt, dass diese alten Eifler Geschichten wahr sein könnten. Und trotzdem wa-

ren sie es. Das haben wir mit eigenen Augen gesehen, du und ich! Also komm mir jetzt nicht so, Lärma. Die Eifel ist eben ein magischer Ort, schon vergessen?«

Das saß. Schweigend setzte seine Schwester sich auf. Sie wirkte nachdenklich. Als sie die Arme ausbreitete, kam Pikrit zu ihr und ließ sich nur zu gern drücken.

»Du hast echt Bammel, oder?«, sagte sie und strich ihm über den kahlen Kopf. »Armer Pik.« Dann nickte sie. »Also gut, Hohlbirne. Vielleicht habt ihr recht. Jedenfalls sollten wir das überprüfen, bevor die Kirmes morgen wieder losgeht. *Falls* in Wittlichs Straßen wirklich nachts ein Gruselmonster herumspukt, müssen wir vorbereitet sein.«

Elias klatschte begeistert in die Hände. »Ganz meine Meinung. Ich werde sofort losrecherchieren. Mal sehen, was ich darüber herausfinden kann.«

»Um diese Uhrzeit willst du noch arbeiten?« Phillip deutete auf den Wecker neben seinem Bett. Er zeigte kurz vor Mitternacht an. »Elias, du bist doch heute erst am hellichten Tag eingeschlafen. Willst du das etwa morgen wiederholen?«

Elias schämte sich immer noch ein bisschen für das, was am Vormittag in Professor von Schlotterfests Unterricht geschehen war. Doch darauf durfte er jetzt keine Rücksicht nehmen. Die Zukunft der vielleicht tollsten Kirmes der gesamten Eifel stand auf dem Spiel! »Schlafen kann ich noch, wenn wir die Kirmes gerettet haben«, entschied er. Dann stand er auf.

Bekam man vom vielen Gähnen eigentlich Muskelkater? Seit über einer Stunde saß Elias nun schon im Computerzimmer seiner Schule und allmählich fragte er sich, ob er nicht doch besser ins Bett gegangen wäre. Immer wieder fielen ihm die Augen zu. Er hatte richtige Schwierigkeiten, sich auf die Texte zu konzentrieren, die er im Internet fand. Alle anderen Bewohner der Burg Krähenfels schliefen tief und fest, denn es drang kein Laut an Elias' Ohren.

Das Computerzimmer gehörte zu Elias' absoluten Lieblingsorten. Der begeisterte Stubenhocker konnte hier ganze Tage verbringen, ohne sich auch nur für eine Sekunde zu langweilen. Während Lena sich gern im Freien aufhielt und gar nicht genug Sonnenschein abbekommen konnte, vergnügte er sich lieber hinter dicken Mauern und geschlossenen Fenstern – also überall dort, wo man in Ruhe lesen konnte und einen keine Allergien plagten.

Manchmal fragte Elias sich, ob Lena ihn schon sein ganzes Leben lang anflunkerte und in Wahrheit gar nicht seine Schwester war. Vor vielen Jahren hatte er sogar mal seinen Vater danach gefragt, als sie unter sich gewesen waren. »Wir sind total unterschiedlich, Paps«, hatte er damals betont. »Dann können wir doch keine Geschwister sein.« Sein Papa hatte allerdings nur laut gelacht und gar nicht mehr damit aufhören wollen.

Elias rieb sich die Augen, sah vom Computerbildschirm auf und streckte die steif gewordenen Glieder. »Ich glaube, ich lasse es für heute gut sein«, murmelte er. Ein paar Stunden Schlaf konnte er sich noch gönnen, bevor es im Speisesaal des Internats Frühstück gab. Und Phillip hatte nicht unrecht: Er brauchte dringend welchen.

Das Knurren bemerkte er erst, als er den Computer ausschalten wollte. Es war ganz leise … und ganz nah!

Elias erstarrte. Klang das nicht exakt wie ein Werwolf? Genau so stellte er sich das Raubtiergeknurre dieser wilden Kreaturen vor, tief und gierig. Hungrig!

Mit einem Mal war ihm eiskalt. Das Knurren verstummte.

»H… Hallo?«, fragte er vorsichtig.

Keine Reaktion. Das Computerzimmer schwieg. Elias sah auf menschenleere Tischreihen voller Computer und zu Fenstern, vor denen tiefste Nacht herrschte. Und vor denen ein heller, fast vollkommen runder Mond schien.

Das Ungeheuer muss uns gefolgt sein!, durchfuhr es ihn. *Vom Kirmesplatz bis zur Burg Krähenfels. Und jetzt hat es Appetit auf Schüler!*

Er dachte an die Webseiten, die er eben gefunden hatte. An die alte Sage, die ihn mehr gegruselt hatte als alle Gespenstergeschichten der Welt zusammen.

Das Knurren ertönte erneut, lauter als vorhin – und dicht neben ihm!

Elias zögerte nicht länger. Panisch rannte er los, der rettenden Tür zum Korridor entgegen. Nach vier hektischen Schritten hörte er das Gelächter in seinem Rücken. Und endlich begriff er.

»Pikrit!« Wütend drehte er sich um. »Muss das sein?«

Der Lavaat war inzwischen sichtbar. Er stand neben Elias' Computer, hielt sich mit beiden Händen den Bauch und gluckste vor Vergnügen. *Er* hatte geknurrt, niemand sonst.

»Du und deine Streiche«, schimpfte Elias. Er kam zurück zu seinem Platz und sah den Lavaat tadelnd an. »Das ist sehr ungezogen, Pik. Erst recht jetzt, da ich so unheimliche Sachen lese.«

Pikrit kam langsam zur Ruhe. Fragend schaute er zum Computermonitor, auf dem noch immer die Ergebnisse von Elias' Internetsuche prangten. »Sachen?«, wiederholte er.

»Und ob.« Elias berichtete seinem Freund, was er erfahren hatte. »In Wittlich gibt es mehr Sagen als nur die von den Schweinen und dem Raubritter Friedrich von Ehrenberg. Wenn man ein bisschen weiter südlich sucht, stößt man tatsächlich auf die Legende eines Werwolfs.«

Neugierig verschränkte der Lavaat die Ärmchen vor der Brust. »Ui«, murmelte er.

»Ui kommt hin.« Elias war kaum noch wütend auf Pikrit. Selbst dafür war er inzwischen zu müde. »Ich drucke die Seiten schnell aus, okay? Dann nehmen wir sie mit und legen uns noch etwas aufs Ohr. Beim Frühstück kann ich den anderen dann berichten, was ich herausgefunden habe.«

»Frühstück«, sagte Pikrit genießerisch. Dabei leckte er sich über die Lippen. »Mhm.«

»Sagt der Kerl, der am liebsten Kieselsteine futtert.« Elias schüttelte den Kopf, gähnte abermals und schickte die Daten zum Drucker.

~

Kapitel 4
Verräterische Spuren

Der große Speisesaal der Burg Krähenfels lag im Obergeschoss des Internats, direkt unter dem Dach. Schon von Weitem hörte Lena den Lärm – das Klappern von Geschirr, die fröhlichen Rufe ihrer Mitschüler – und roch das Aroma der Tees und der frischen Brötchen. Auf der Schwelle des Raums blieb sie stehen und sah sich um.

Obwohl sie den Saal täglich betrat, verlor er nichts von seiner besonderen Atmosphäre. Das lag nicht nur an den hohen Wänden und der schönen Aussicht auf die Eifler Natur, sondern an all dem Zeug, das Direktor von Schlotterfest hier oben angesammelt hatte. Es gab breite Vitrinen mit seltenen Ausstellungsstücken, beispielsweise einem Stück Mondgestein und einem echten Haifischzahn. Stummfilmplakate und mysteriöse Landkarten hingen in teuren Bilderrahmen. Kostbare Teppiche lagen auf den Bodendielen, und von der Decke hingen aufwendig geschnitzte mehrarmige Leuchter, wie man sie in Wikingerdörfern oder sogar in Walhalla vermuten könnte. Ein großer hölzerner Globus stand in der Zimmerecke, und geschwungene Schwerter prangten in speziellen Halterungen an der Wand darüber.

All diese Gegenstände – und noch viele weitere – hatte Professor von Schlotterfest von seinen Reisen mit ins Internat gebracht. Er hütete sie wie einen Schatz und freute sich an jedem einzelnen. Manchmal glaubte Lena, dass auch die Lehrer, die er auf Burg Krähenfels eingestellt hatte, für ihn seltene Sammlerfunde waren. Schließlich konnte man auch sie nicht gerade als normal bezeichnen.

Herr Geiergift, der am frühen Morgen schon seinen schwarzen Totengräberanzug trug, saß am Lehrertisch und biss gerade in ein Brötchen. Frau Schipanelli wirkte neben ihm einmal mehr, als wäre sie aus einem uralten Schwarzweißfoto in die Gegenwart gefallen. Ihr strenges Kleid und die hochgesteckten Haare unterstrichen diesen Eindruck noch. Bartholo B. Butterball, der ihr gegenübersaß und sich mit seligem Lächeln Kaffee nachschenkte, war ganz anders. Der gemütliche Mann mit der kreisrunden Glatze ließ sich von wenig aus der Ruhe bringen, nicht einmal vom wortkargen Hausmeister des Internats, dessen Namen kein einziger Schüler kannte. Da der muskulöse Kerl mit dem kahlen Schädel und den spitz zulaufenden Ohren stets schlechte Laune hatte, war Lena auf die Idee gekommen, ihn »Herr Grmpf« zu taufen – und irgendwie hatte sich dieser Spitzname festgesetzt. Erst vor wenigen Tagen hatte Phillip gehört, dass sogar die Lehrer ihn inzwischen benutzten, wenn sie vom Hausmeister sprachen!

Apropos Phillip, dachte das Mädchen und ließ den Blick weiterwandern. *Wo steckt der eigentlich?*

Elias' braunhaariger Zimmergenosse stand bereits an dem Tisch, an dem auch die Zwillinge ihre Stammplätze hatten. Als er Lena bemerkte, winkte er ihr.

»Na?«, grüßte er, kaum dass sie zu ihm getreten war. »Auch schon aufgeregt? Der Direktor sagt, wir dürfen gleich nach dem Frühstück aufbrechen – zurück zur Kirmes.«

»Ob das so eine gute Idee ist?«, erwiderte Lena. Sie setzte sich. An den Nebentischen saßen ihre Mitschüler, einer ahnungsloser als der andere, und stärkten sich für den bevorstehenden Tag. Sie hörte ihre Begeisterung und die Geschichten, die sie einander vom gestrigen Abend in der Stadt erzählten. Dann stutzte sie. »Wo steckt Elias? Wollte der nicht mal nachschauen, was an diesem Werwolf dran ist?«

»Als ich ihn zuletzt sah, ging er sich gerade die Zähne putzen«, antwortete Phillip. »War wohl eine lange Nacht.«

»Das sind sie bei euch meistens.«

In diesem Augenblick betrat ihr Bruder den Saal. Er hatte noch Zahnpasta im Mundwinkel, aber ein breites Lächeln im Gesicht. Außerdem hatte er Gepäck dabei.

»Was wird das denn?«, staunte Lena.

Elias ließ den dicken Papierstapel, den er unter dem Arm getragen hatte, auf den gedeckten Tisch plumpsen. Dann setzte er sich auf seinen Platz, griff nach einem Glas Orangensaft und leerte es in einem Zug. »Ah, jetzt geht's mir besser«, sagte er seufzend und wischte sich mit dem Handrücken über die Lippen. »Guten Morgen.«

»Was das wird, habe ich gefragt.« Lena nickte in Richtung des Stapels, der zwischen dem duftenden Brotkorb und dem Teller voller Aufschnitt so unpassend wirkte wie ein Schlumpf in einer Mondrakete. »Bringst du dir Hausaufgaben mit, oder was?«

Elias griff nach einem Brötchen und strich Butter darauf. »Nein, ich bringe Antworten mit. Jede Menge Antworten.«

Doch anstatt loszulegen, griff er genüsslich nach dem Käseteller und sah sich sogar nach Gürkchen und Tomaten um. Da er beides nicht finden konnte, biss er einfach so in sein Brötchen.

Lena verschränkte tadelnd die Arme vor der Brust.

»Heute noch, Elias«, schimpfte Phillip. »Wir warten.« Als Elias nach der Teekanne greifen wollte, war sein Freund schneller und zog sie absichtlich aus seiner Reichweite.

»Na gut, na gut.« Elias legte das angebissene Käsebrötchen auf seinen Teller und wischte sich die Finger an seiner Jeans ab. »Ich war letzte Nacht im Computerzimmer und ...«

»Wissen wir, Hohlbirne«, unterbrach Lena ihn ungeduldig. »Und hättest du nichts herausgefunden, läge auch kein Papierstapel hier vor uns. Also? Komm zum Punkt. Welches Geheimnis haben die Säubrenner?«

Elias griff nach dem obersten Blatt seines Stapels und drehte es um. Auf der anderen Seite kam ein aus dem Internet ausgedrucktes Foto zum Vorschein. Es zeigte ein steinernes Heiligenhäuschen, wie es sie in der Eifel zu Hunderten geben musste: ein schmales und gut mannshohes Gebäude mit einem kleinen Tor, weiß getünchten Wänden und allerlei Blumenschmuck. Hinter dem Häuschen waren ein Wald und grüne Wiesen erkennbar.

»Das hier«, antwortete Lenas Bruder. »Leute, ich glaube, dass wir es mit dem sogenannten Monster von Morbach zu tun haben.«

Phillip runzelte die Stirn. »Mor*was*?«

»Ich fange besser mal ganz vorne an, okay?« Elias griff erneut nach dem Papierstapel. »Also: Irgendwo weiter südlich von hier gibt oder gab es früher mal einen Stützpunkt der amerikanischen Armee. Ein kleines, umzäuntes Gelände, auf dem Soldaten aus den USA arbeiten, versteht ihr?«

»Die sind in der Eifel nicht selten«, wusste Lena. Sie musste an den geheimnisvollen Matty vom Vorabend denken. »Manchmal sieht man entsprechende Wegweiser an der Straße oder hört Menschen Englisch sprechen.«

Phillip nickte und stellte seine Teetasse ab. »Stimmt.«

Elias sah seine Freunde an. Er war jetzt ganz in seinem Element. »Einen dieser Stützpunkte gab es beim Örtchen Morbach. Laut den Landkarten, die ich gefunden habe, liegt es etwa eine halbe Stunde von hier entfernt. Und in Morbach ging mal ein echtes Ungeheuer um. Soldaten berichteten, sie hätten nachts eine grässliche Kreatur beobachtet – draußen im Wald, aber manchmal auch direkt vor ihrem Zaun. Besonders häufig sei ihnen das Monster, das viele als Wolf in Menschengestalt beschrieben, bei Vollmond aufgefallen. Selbst heute noch schwören diese Augenzeugen Stein und Bein, dass sie dem Morbach-Monster begegnet sind!«

»Leute wie Matty«, murmelte Phillip. Er sah wissend zu Lena.

Sie nickte. »Der alte Mann von gestern Abend. Sah der nicht wie ein ehemaliger Soldat aus?«

Elias machte große Augen. »Und Matty war auch derjenige, der den Bürgermeister vor dem Werwolf gewarnt hat!«

»Aber Matty sprach vom *Wittlicher* Werwolf«, betonte Phillip.

Sein Zimmergenosse grinste und drehte das nächste Blatt seines Papierstapels um. Darauf kam ein längerer Text zum Vorschein. Er enthielt keine Bilder, dafür aber mehrere fett gedruckte Jahreszahlen.

»Laut einer anderen Geschichte wütete der Werwolf eine ganze Weile lang in der Moselgegend«, berichtete er. »Bis er von Jägern erwischt wurde. Das muss Ende der 1980er-Jahre gewesen sein – und zwar genau hier vor unserer Tür! In Wittlich!«

Phillip stieß einen leisen, anerkennenden Pfiff aus. »Dieses Monster ist ganz schön rumgekommen.«

Ende der 1980er-Jahre? Auch Lena staunte nicht schlecht. »Das ist lange her«, sagte sie.

Ihr Bruder nickte. »Damals waren sogar Papa und Mama noch in der Schule.« Er griff wieder nach seinem Brötchen und aß weiter. Der Vortrag schien beendet zu sein.

Doch Lena hatte Fragen. »Ergibt das denn Sinn? Wenn dieses Ungeheuer damals getötet wurde, wie kann es dann heute die Kirmes bedrohen?«

»Wahrscheinlich wurde es nicht getötet«, meinte Phillip. »Das hat man nur behauptet, damit keiner Angst bekommt. Oder so.«

»Gnz mne Mnung«, stimmte Elias mit vollem Mund zu. Dann schluckte er. »Ganz meine Meinung. Der Werwolf ist immer noch da. Herr Feyerlich will das geheim halten. Und hier habe ich vielleicht den ultimativen Beweis.« Mit der freien Hand zog er das Foto des Heiligenhäuschens hervor.

»Der da wäre?«, wollte Lena wissen.

Er reichte ihr das Blatt. »Laut der alten Sage ist dieses Häuschen hier direkt mit dem Monster verbunden: Wenn die Kerze in dem Häuschen ausgeht, dann kehrt der Werwolf zurück!«

Lena kniff die Lider enger zusammen. Auch Phillip, der gerade in einen Apfel beißen wollte, beugte sich zu dem Bild vor. Tatsächlich entdeckte Lena in dem abgebildeten kleinen Gebäude eine Kerze.

»Hier brennt sie noch«, sagte Phillip.

»Das ist ja auch nur ein Foto«, erwiderte sie nachdenklich. »Die Frage ist …«

Elias beendete den Satz. »… ob sie auch heute noch brennt. Falls ja, hat Wittlich kein Problem, und die Säubrennerkirmes ist nicht in Gefahr. Aber falls nicht …«

»Wir müssen da hin«, sagte Lena. »Zu diesem Häuschen, und zwar jetzt sofort. Um sicherzugehen.«

Sie legte das Foto zurück auf den Tisch. Der Appetit, mit dem sie den Saal betreten hatte, war ihr vergangen, und auch den fröhlichen Trubel an den Nachbartischen nahm sie kaum noch wahr. So sehr hatte die Geschichte sie in ihren Bann gezogen.

Dann sah sie sah zu Elias. »Oder?«

Ihr Bruder grinste. »Ich dachte schon, du fragst nie.«

Der Vormittag versprach viel. Ein strahlend blauer Himmel hing über der Wittlicher Senke, und am Ufer der Lieser surrten Libellen durch den Sonnenschein. Der August trieb die Temperaturen in angenehme Höhen. Lena trat in die

Pedale und stellte sich all die Menschen vor, die das herrliche Wetter heute wieder in Eiscafés oder Freibäder locken würde. Auch sie freute sich auf die großen Ferien – und auf ihr Lieblingsschwimmbad mit der schönsten Liegewiese der Welt. Schon in wenigen Tagen, so hoffte sie, würde sie dort sein. Einen ganzen, wunderbaren Sommer lang.

Die Zwillinge hatten das Frühstück im Internat schnell beendet. Dann hatten sie den allgemeinen Trubel genutzt, um sich heimlich aus dem Speisesaal und aus dem Gebäude zu schleichen. Niemand hatte sie bemerkt, zumal Phillip durch einen gespielten Erstickungsanfall für ordentlich Ablenkung gesorgt hatte.

Aus dem kleinen Schuppen im Burghof hatten sie ihre Fahrräder genommen und sich sofort auf die Sättel geschwungen. Seitdem radelten Lena und ihr Bruder über Landstraßen – vorbei an Wittlich, Nachbargemeinden wie Altrich und Platten und zwischen Feldern und abschüssigen Wiesen nach Süden.

»Schön hier, oder?«, rief Lena über die Schulter. Sie fuhr voraus und hatte die schmale Teerstraße genau im Blick. »Guck dir nur die Felder an. Eins goldener als das andere.«

Elias seufzte. »Schön? Das kann auch nur jemand behaupten, der noch nie Heuschnupfen hatte.« Dann zog er die Nase hoch.

»Bäh«, beschwerte sich Lena. »Putz dir gefälligst die Nase, du Ferkel.«

»Würde ich ja, aber leider brauche ich meine Hände im Moment anderswo«, erwiderte er und ließ die kleine Klingel an seiner Lenkerstange hören. »Freihändig fahren ist nämlich verboten.«

Lena wollte etwas erwidern, bremste sich aber. Er hatte ja recht. Und außerdem hatte er deutlich mehr Ballast an Bord seines Rades als sie. Im Burghof von Krähenfels waren sie nämlich auf Pikrit gestoßen, der sich ihrem Ausflug ebenso ungefragt wie begeistert angeschlossen hatte. Er saß auf Elias' Gepäckträger.

»Was machen wir eigentlich, wenn die Kerze noch brennt?«, fragte Elias.

Ehrlich gesagt wüsste ich das auch gern, dachte sie. »Keine Ahnung«, antwortete sie. »Ich schätze, dann überlegen wir uns einen Plan.«

Elias schwieg einen Moment lang. Als er weitersprach, war sein Tonfall leiser. Ängstlicher. »Und was, wenn sie *nicht* brennt? Ich weiß nicht, ob ich einen waschechten Werwolf jagen möchte. Diese Wesen sind doch bestimmt groß und stark und … und hungrig.«

Lena bremste ihr Rad und hielt an. Dann drehte sie sich zu Elias um, der hinter ihr zum Stehen kam. Pikrit hatte die Hände hinter dem steinernen Kopf verschränkt, als würde er den sonnigen Ausflug in vollen Zügen genießen.

»Es ist okay, wenn du Angst hast«, sagte Lena. Sie staunte ein wenig darüber, wie schnell seine Begeisterung vom Frühstück verflogen war. Aber sie konnte es auch verstehen. Die Aussicht auf eine Begegnung mit einem der Ungeheuer aus Professor von Schlotterfests Unterricht *war* beängstigend. »Ich hab auch manchmal Angst. Das hat jeder.«

»Herr Geiergift bestimmt nicht«, murmelte ihr Bruder. »Vor dem alten Knochen hat bestimmt sogar die Angst Angst.«

Der kleine Scherz entlockte ihnen beiden ein Schmunzeln.

Dann fuhr Lena fort. »Die Angst ist nicht wichtig, Elias«, erklärte sie. »Wichtig ist nur, wie du mit ihr *umgehst.*« Die Worte kamen ihr leicht über die Lippen, denn sie erinnerte sich daran, wie ihr Papa sie vor einer Weile zu ihr gesagt hatte. Damals wie heute fand sie sie ganz schön richtig … und gut. »Wichtig ist, dass du dich von ihr nicht in die Irre führen lässt. Hör mal, wir suchen Hinweise auf dieses Morbach-Monster. Okay? Weil es vielleicht eine Gefahr darstellt. Für alle Menschen, die die Säubrennerkirmes besuchen. Wir sind also hier, um anderen Menschen zu helfen, ganz einfach. Ein bisschen Angst ist ein kleiner Preis dafür, anderen helfen zu dürfen. Findest du nicht auch?«

Er hob den Blick. »Wir machen einfach weiter«, sagte er leise. Auch das war ein Satz, den ihr Papa oft zu ihnen gesagt hatte. »Einen Schritt nach dem anderen.«

»Und wir reagieren dann, wenn es nötig wird«, beendete Lena den vertrauten Gedanken lächelnd. »Nicht schon vorher.«

Sie nickte ihrem Bruder zu, und er erwiderte die Geste. Dann radelten sie weiter, durch den Eifler Sommer und einer Zukunft entgegen, die erst geschrieben wurde.

Das Heiligenhäuschen existierte wirklich. Es lag ein wenig abseits der Teerstraßen und einen stattlichen Spaziergang vom nächsten Dorf entfernt. Grüne Wiesen umgaben es in alle Richtungen, und am Horizont ragten die dunklen Tannen eines nahen Waldes zum Himmel empor. Schmetterlinge flatterten friedlich durch die Luft, die die warme Sonne zu neuen Temperaturrekorden anstachelte.

Elias und Lena legten ihre Räder in den Graben der unbefestigten Buckelpiste, über die sie hergefunden hatten. Dann gingen sie auf das Häuschen zu. Pikrit rannte voraus, ließ sich aber schon nach wenigen Schritten von zwei Schmetterlingen ablenken, die einander eine Verfolgungsjagd durch den Sonnenschein lieferten, und setzte sich kurzerhand auf die Wiese, um ihnen zuzuschauen.

»Du bist echt eine große Hilfe«, scherzte Elias und strich dem kleinen Kerl über den Kopf.

Das Haus war kaum zwei Meter groß und etwa so breit wie Papas Kleiderschrank. Elias sah ein Giebeldach mit moosbewachsenen Schindeln und weiß verputzte Außenwände, die einen frischen Anstrich vertragen konnten. Zwei schmale Treppenstufen führten vom Wiesenboden ins Innere des kleinen Gebäudes. Da es keine Tür besaß, sah man den nicht minder kleinen Altar allerdings schon von außen. Vor dem hölzernen Tisch, auf dem ein weißes Deckchen lag, stand eine ebenfalls hölzerne Gebetsbank. Neben dem Tisch standen bunt geschmückte und gepflegte Blumenkübel. Und *auf* dem Tisch …

»Da ist die Kerze, siehst du?«, flüsterte Lena.

Elias nickte. Eine längliche Kerze stand mitten auf dem Altar – so selbstverständlich, als wäre er nur für sie gebaut worden. Und sie brannte nicht! »Vielleicht hat der Wind sie ausgeblasen?«, überlegte der Junge hoffnungsvoll.

»Geht hier etwa Wind?«, gab Lena zurück. Vorsichtig trat sie näher. »Hohlbirne, heute sind es mindestens dreißig Grad, und hier regt sich kein Lüftchen.«

Sie hatte recht, das wusste er. Dennoch suchte er nach Ausreden. »Und wenn die Leute aus der Gegend einfach vergessen haben, sie anzuzünden? Das kann doch sein. Vielleicht war einfach lange niemand mehr hier draußen.«

Lena war inzwischen am Eingang angelangt. Sie schüttelte den Kopf. »Guck dir mal die Blumen an. Die sind frisch. Das Haus wird in Schuss gehalten. Und wer immer das macht, kümmert sich bestimmt auch um die Kerze.«

Schweigend griff Elias in seine Hosentasche. Dann reichte er sein Mitbringsel an Lena weiter. »Hier«, forderte er sie auf. »Probier du es, okay?«

Lena hob die Brauen. Staunend betrachtete sie die Streichholzschachtel in der ausgestreckten Hand ihres Bruders. »Du hast Streichhölzer dabei?«

»Aus dem Speisesaal«, gestand er. Trotz der ernsten Situation musste er grinsen. »Die waren da, um die Stövchen für den Frühstückstee anzuzünden. Da habe ich einfach eine Schachtel gemopst. Ich dachte mir, dass wir sie vielleicht brauchen könnten, wenn wir herfahren.«

»Guter Gedanke.« Lena nahm das Kästchen, öffnete es und trat ins Innere des kleinen Hauses. Dann entfachte sie ein Streichholz. »Jetzt bin ich mal gespannt.«

Elias hielt den Atem an. Konnte es wirklich so einfach sein? Genügte es, die Kerze neu zu entzünden, um den Werwolf von Wittlich fernzuhalten?

Plötzlich erklang Lenas Stimme. »Was in aller Welt …?«

Fragend trat er näher. »Was ist denn?«

Sie sah zu ihm. »Ich habe die Kerze angezündet, aber sie ging sofort wieder aus. Ohne Windstoß, oder so.«

»Versuch's noch mal«, bat er. »Das will ich sehen.«

Lena tat es. Sie nahm sich ein neues Streichholz, zündete es an, brachte den kleinen Docht zum Brennen … und wie von Zauberhand erlosch die Flamme keine Sekunde später. So spurlos, als hätte sie nie gebrannt.

»Das ist nicht normal«, murmelte Lena.

Pikrit war vom Gras aufgestanden und näher gekommen. Mit großen Augen beobachtete er das Geschehen im

Inneren des Häuschens. »Gefährlich«, raunte er mit seiner tiefen Stimme. »Kerze gefährlich.«

Elias nickte. »Das ist ein Beweis«, begriff er. Jetzt konnte es keine Zweifel mehr geben. »Wir sind auf der richtigen Spur, Lena. Etwas Unheimliches geht hier vor – und diese Sage hat direkt damit zu tun.«

Im selben Moment erklang ohrenbetäubender Lärm! Elias erschrak und wirbelte herum. Das waren Motorengeräusche!

Pikrit knurrte und hob die Fäuste.

»Da!« Lena trat hastig aus dem Heiligenhäuschen. Ihr ausgestreckter Arm deutete in die Richtung, aus dem das laute Geknatter kam. »Siehst du das?«

Elias spähte voraus und kniff die Lider enger zusammen. Dann fand er es.

Hinter mannshohen Hecken und vom Eingang des Hauses aus kaum zu erkennen stand ein Mann. Genau genommen parkte er dort, und das mit einem alten, schweren Motorrad. Das Gefährt wirkte, als hätte es bereits einige Jahrzehnte auf dem Buckel. Es war klobig und an vielen Stellen geflickt. Silberner Chrom, schwarzes Gehäuse. Elias roch den Gestank eines knatternden Auspuffs und erahnte die Gestalt, die auf dem Bock des Motorrads saß.

Dann fuhr der Mann los. Ohne die Zwillinge eines weiteren Blickes zu würdigen, schoss er auf seinem Motorrad aus der Deckung der Büsche und die buckelige Wiesenpiste

hinab. Schon nach wenigen Sekunden war er um eine Kurve und hinter einem Hügel verschwunden.

Doch die paar Sekunden hatten mehr als genügt. Dieses graue, wirr abstehende Haar und die faltenreiche Kleidung hatte Elias sofort wiedererkannt.

»Das war dieser Matty«, entfuhr es ihm. »Der Kerl, der die Kirmes verhindern wollte, damit niemand dem Werwolf zum Opfer fällt. Was macht der denn hier?«

Lena sah zur Kurve und kratzte sich nachdenklich am Hinterkopf. »Dasselbe wie wir, vermute ich: auf Nummer sicher gehen.«

Nun war er es, der die Brauen hob. »Du meinst, der Kerl wollte wissen, ob die Kerze noch brennt?«

Sie nickte. »Überleg mal, Hohlbirne. Matty weiß über das Morbach-Monster Bescheid. Er ist der Einzige, der daran glaubt und es offen zugibt. Er hatte heute Morgen bestimmt den gleichen Gedanken wie wir. Und er macht sich bestimmt große Sorgen um die Kirmesgäste.«

»Weil in Wittlich tatsächlich ein Werwolf los ist. Sobald es dunkel wird, kehrt das Monster zurück.«

»Ganz genau, Hohlbirne«, sagte Lena grimmig. »Ganz genau.«

~

Kapitel 5
Schatten der Vergangenheit

Die Zwillinge überlegten nicht lange. Sie mussten etwas unternehmen, und momentan schien es nur einen Ort zu geben, an dem sie Hilfe finden konnten. Im Nu waren sie wieder auf den Rädern. Als sie Wittlich erreichten, schlugen die Kirchenglocken bereits zur Mittagsstunde.

»In dem Getümmel finden wir den Direktor nie«, sagte Lena. Seufzend hielt sie am Rand der Innenstadt an. »Ach du meine Güte.«

Im Vergleich zum gestrigen Abend schien sich der Andrang auf der Säubrennerkirmes noch einmal verdoppelt zu haben. Der freie Tag und das schöne Wetter lockten Unmengen an Besuchern ins Freie, und zwischen den

Schaubuden und Fahrgeschäften herrschte allerhand Betrieb. Lena sah Menschen aller Altersstufen, von der Großmutter bis zum Kleinkind. Hier grillte jemand leckere Steaks, dort roch es nach gerösteten Mandeln. Fröhliche Musik plärrte aus den Boxen eines Karussells, und auch das große Riesenrad, von dem aus man beinahe bis zur Mosel schauen konnte, drehte wieder seine immer gleichen Runden.

Elias war ebenfalls stehen geblieben. Jetzt stieg er ab und kettete sein Rad an einem Fahrradständer an. Dann streckte er die Hand nach dem unsichtbaren Pikrit aus. »Komm, Kleiner. Wir sehen uns mal um und …«

»Felix«, erklang die dunkle Stimme des Lavaats.

»Natürlich!« Lena klatschte in die Hände. »Darauf hätte ich auch gleich kommen können. Unser Direktor und der Bürgermeister sind doch alte Freunde, richtig? Dann ist die Wahrscheinlichkeit hoch, dass Professor von Schlotterfest ihn gerade besucht. Was meint ihr, Leute? Schauen wir mal beim Rathaus vorbei?«

Elias lachte. »Gute Idee.«

Sie zogen los. Elias hielt Pikrit an der Hand, damit der Lavaat im Getümmel nicht verloren ging. Eine so große Kirmes war schlicht zu viel Ablenkung auf einmal für ihn, und es hätte bestimmt Stunden gedauert, ihn zu finden, wenn er wieder in der Menge untergetaucht wäre, um Passanten zu necken.

Die Gäste des Volksfests hatten auch zu dieser frühen Stunde schon jede Menge Spaß. Überall sah Lena strahlende Gesichter. Auch einige Mitschüler fand sie im Trubel, der die Straßen und Gassen der Wittlicher Innenstadt bestimmte. Mehtap und Phillip lieferten sich beim Autoscooter wilde Verfolgungsjagden, und Sportass Paul versuchte sein Glück mit einigen Kumpels an der Bude, an der man Bälle auf Konservendosen werfen musste. Wie Lena beobachtete, verfehlte Paul so ziemlich alle der Dosenpyramiden um knapp eine Handbreite.

Du bist wohl doch nicht in allem die Nummer eins, was, Paul?, dachte sie grinsend.

Als sie am *Twister* vorbeikamen, einem atemberaubend aussehenden Fahrgeschäft mitten auf dem Marktplatz, konnte auch Elias sich das Lachen nicht verkneifen. »Guck mal da oben, Lärma. Ich glaub, ich spinne!«

Der *Twister* war keine Attraktion für Feiglinge. Ein langer Greifarm hob etwa zwanzig in schalenförmige Sitze geschnallte Kirmesbesucher gleichzeitig in schwindelnde Höhe, drehte sie dort zweimal um die eigene Achse und setzte seine halb schreienden und halb lachenden Passagiere dann wieder sicher am Erdboden ab. Die Fahrt dauerte nur wenige Minuten, doch der langen Schlange nach zu urteilen, die sich vor dem *Twister* gebildet hatte, waren die Menschen gerne bereit, eine kleine Ewigkeit auf diesen Spaß zu warten. Aktuell gehörten gleich zwei vertraute Gesichter zu den Glücklichen auf den Schalensitzen.

»Ach du meine Güte!«, rief Frau Schipanelli, als der *Twister* erneut vom Boden abhob. »Ich weiß nicht, ob mir das gefällt. Nein, nein, nein, das weiß ich ganz und gar niiiiii...« Ihr Gejammer verging in einem klagenden Ruf, der bestimmt noch mehrere Straßen weiter zu hören war.

Ganz anders ging es ihrem Nebenmann. Bartholo B. Butterball bewies einmal mehr, dass er eine Seele von Mensch war, die so schnell nichts aus der Ruhe brachte. Der gemütliche Lehrer saß auf seinem Sitz und genoss die rasante Fahrt mit dem *Twister* sichtlich. Vermutlich hatte er sie zu der Aktion überredet.

Lena zwinkerte Elias zu. »Was kommt als Nächstes? Herr Geiergift beim Ponyreiten?«

»Nie im Leben«, sagte ihr Bruder. »Ich glaube, der alte Miesepeter würde die Ponys eher fressen, als sie zu streicheln.«

»Womit wir wieder beim Thema wären«, sagte sie. »Komm, zum Rathaus geht es da lang.«

Das sogenannte Stadthaus der Eifler Gemeinde lag nahezu direkt neben dem großen Busbahnhof. Der L-förmige Bau hatte mehrere Stockwerke und viele Fenster. In nur wenigen Gehminuten erreichte man von dort das Eventum, eine bekannte Veranstaltungshalle, und gleich mehrere Schulen. Es war nicht zu verwechseln mit dem

Alten Rathaus am Marktplatz, einem in Lenas Augen noch hübscheren Bauwerk, das heute unter anderem als eine Art Museum diente.

Die Zwillinge betraten das Stadthaus durch die breite Vordertür. Das Foyer war menschenleer, vermutlich amüsierten sich auch die Angestellten längst auf der Kirmes. Pikrit wurde sofort sichtbar und sah sich neugierig um. Eine große Tafel an der Wand bot einen Wegweiser durch die einzelnen Flure und Abteilungen. Im Nu hatten die drei Freunde entdeckt, wo das Büro des Bürgermeisters war.

»Und wir klopfen da jetzt einfach so an, oder was?«, fragte Elias.

Lena nickte. »Ganz genau. Komm, Pik. Hier hinten ist eine Treppe.«

Sie hatten den entsprechenden Flur gerade erst erreicht, da hörten sie auch schon eine vertraute Stimme: »Und du hältst diesen Matty wirklich nur für einen Spinner, Felix?«

Elias sah zu Lena. »Das ist der Direktor!«

Schweigend näherten sie sich der geschlossenen Bürotür, an der in dunklen Lettern der Name des Bürgermeisters prangte.

»Ich bitte dich, lieber Hilli«, sagte Felix Feyerlich gerade. »Matty Miller ist ein stadtbekannter Wirrkopf. Ein ehemaliger US-Soldat, der in der Eifel stationiert war und hier kleben geblieben ist. Er wohnt irgendwo außerhalb von Wittlich, kommt aber zu jedem Fest und jedem Anlass in die Stadt. Warum? Weil er gerne trinkt – und gerne Märchen erzählt. Wir nennen ihn schon seit Jahren nur noch ›Mad Matty‹. Frag dich mal, warum.«

Lena beherrschte genug Englischvokabeln, um den Spitznamen übersetzen zu können. »Mad« hieß »verrückt«. *Der verrückte Matty, hm?*, dachte sie.

»Aber er hat von einem Monster gesprochen, Felix«, warnte der Direktor. »Sollten wir dem nicht nachgehen – einfach aus Sicherheitsgründen? Damit wir Bescheid wissen und den Kirmesgästen auch wirklich nichts passiert?«

»Was soll denen denn passieren, alter Freund?«, erwiderte Feyerlich mit einer Gelassenheit, die mehr als übertrieben klang. »Ich versichere dir: Es gibt keinen Werwolf von Wittlich. Es gibt nur einen wirren alten Mann, der gern Unfug erzählt.«

»Du musst es wissen, lieber Felix«, sagte Professor von Schlotterfest. »Ich hoffe nur, dass du dich nicht irrst.«

Lena drehte sich um und ging davon. Sie hatte mehr als genug gehört.

»Hey«, sagte Elias und folgte ihr zurück zur Treppe. Sogar Pikrit sah verwundert aus. »Wollten wir nicht anklopfen?«

Sie schüttelte den Kopf. »Warum denn noch? Dieser Herr Feyerlich lügt, dass sich die Balken biegen. Er will die Gefahr einfach nicht wahrhaben. Der hilft uns nie und nimmer.«

»Und was machen wir jetzt?«, fragte er.

Seite an Seite gingen sie runter ins Erdgeschoss. Pikrit entdeckte, dass er sich in den auf Hochglanz polierten Bodenplatten spiegelte und schnitt eine Grimasse nach der anderen. Er hörte erst auf, als Lena seine Hand nahm und ihn weiterzog.

Dann sah sie zu Elias. »Wir reden mit demjenigen, der die Wahrheit sagt«, beschloss sie. »Mit dem verrückten Matty.«

Es war nicht schwer, den Wohnort des ehemaligen Soldaten herauszufinden. Jeder in Wittlich schien den Mann zu kennen, und schon nach knapp einer Stunde, in der sie mit Gastwirten, Kioskbetreibern und einer freundlichen Taxifahrerin am Busbahnhof gesprochen hatten, wussten sie alles, was sie für ihre nächsten Schritte brauchten. Zufrieden und ein bisschen nervös stiegen die Freunde auf ihre Räder und fuhren einmal mehr raus aus der Stadt.

»Und du denkst wirklich, dass der uns helfen will?«, fragte Elias. Er radelte hinter Lena her, und Pikrit saß wieder auf seinem Gepäckträger.

»Er war am Heiligenhäuschen, oder etwa nicht?«, erwiderte sie. »Und er wollte die Kirmes stoppen. Er ist auf unserer Seite, Hohlbirne. Er *muss* es einfach sein.«

Das Grundstück des alten Amerikaners lag in der Nähe von Hupperath, einem kleinen Nachbardorf von Wittlich, der sich den Besuchern aus dem Internat Krähenfels mit sattgrünen Wiesen, zwei alten Mühlen und sogar einem eigenen Weinberg präsentierte. Schon von Weitem sah Elias die ehemalige Tankstelle am Ortsrand. Das eingeschossige Gebäude mit dem flachen Dach schien aus den 1950er-Jahren zu stammen, und mindestens seit damals hatte es niemand mehr gestrichen, die Fenster geputzt oder auch nur aufgeräumt. Auf dem breiten, von der warmen Nachmittagssonne beschienenen Hof mit den zwei stillgelegten Zapfsäulen stapelte sich das absolute Durcheinander. Neben ausrangierten Mopeds, Reifen und allerlei Ersatzteilen sah der Junge eine von Wind und Wetter verschmutzte Hollywoodschaukel und einen gewaltigen Adler aus Plastik, zwischen dessen Flügelspitzen dicke Spinnweben prangten. Unter einem Vordach stand ein altes Sofa, das wirkte, als würde es sich nach der nächsten Sperrmüllabholung sehnen. Daneben stand ein Beistelltisch mit einem überquellenden Aschenbecher und einem halb aufgegessenen Brötchen darauf. An der seitlichen Wand des Gebäudes prangte in Weiß, Blau und Rot die amerikanische Landesflagge, die dort offensichtlich vor einer Ewigkeit mit Sprühfarbe angebracht worden war.

»Ach du liebes Lieschen«, sagte Lena, als sie das Rad vor den Zapfsäulen abstellte. »Hat hier ein Wirbelsturm gewütet?«

Schmunzelnd deutete Elias zur Garage links neben dem Hof. »Ich glaube, der wütet nach wie vor.«

Die Tür der breiten Garage stand weit offen, und laute Rockmusik aus früheren Zeiten drang daraus ins Freie. Begleitet wurde sie von jeder Menge Lärm. Irgendwer hämmerte und klopfte in der Garage.

Zögernd traten die Zwillinge näher. »Entschuldigung?«, rief Lena. »Dürfen wir kurz stören? Mister Miller?«

»Mad« Matty Miller trug noch dieselben Sachen wie am Vormittag, eine krude Mischung aus inzwischen ölverschmierter Arbeits- und ausrangierter Soldatenkleidung. Er kniete vor seinem Motorrad, an dem er gerade arbeitete, und neben ihm auf dem Boden lagen Werkzeuge.

Erst jetzt konnte Elias den Mann richtig in Augenschein nehmen. »Mad« Matty war bestimmt schon über siebzig Jahre alt. Er hatte ein faltiges, schmales Gesicht und ungekämmtes Haar, das allem Anschein nach so wild wuchern durfte wie das Unkraut in den Ritzen seines geteerten Tankstellenhofs. Seine knochigen Finger waren voller Schmieröl, und der Blick seiner blauen Augen war klar wie der Himmel über dem Kirmesgelände.

Er hatte die Schäfers noch nicht bemerkt. Das Radio, das auf der Werkbank im hinteren Bereich der Garage stand und lauten Rock erklingen ließ, übertönte Lenas Rufe mühelos.

»Entschuldigung?«, versuchte sie es erneut. »Wir sind's. Von heute Morgen. Wir hätten ein paar Fragen an Sie, Mister Miller.«

Keine Reaktion. »Mad« Matty arbeitete einfach weiter an seiner Maschine, die sein ganzer Stolz zu sein schien und mindestens genauso bunt und individuell aussah wie ihr Fahrer.

»Vergiss es, Lena«, sagte Elias. »Der hört uns einfach nicht und … Hey!«

Pikrit hatte sich unbemerkt an den alten Soldaten herangeschlichen. Nun sprang er mit spürbarer Begeisterung auf den Sitz des Motorrads und griff nach dem Lenker.

Das merkte der Amerikaner! »Mad« Matty sah verdutzt auf. Dann verzog er das Gesicht. »*What are you doing here, you little trickster?*«, fuhr er den Lavaat an. Er sprach so schnelles Englisch, dass Elias ihm nur mit Mühe folgen konnte. Gleichzeitig stand er auf und schaltete das Radio ab. »*Get off my bike, do you hear me? Get lost!*«

Lena nutzte ihre Chance. »Mister Miller?«

Der Amerikaner wirbelte herum. Mit großen Augen glotzte er seine menschlichen Besucher an. »Ihr zwei«, murmelte er nun auf Deutsch. »Gehört diese *nuisance* etwa zu euch?«

Nervensäge, übersetzte Elias. *Nuisance heißt Nervensäge.* Erst dann begriff er, dass »Mad« Matty gar nicht überrascht oder sogar erschrocken war, einem waschechten Lavaat zu begegnen. Im Gegenteil: Er schien die Vulkanteufelchen sehr gut zu kennen. Das kam ausgesprochen selten vor. Die meisten Eifler wussten ja nicht einmal, dass sie existierten.

»Er heißt Pikrit«, erklärte Lena, »und, ja, er gehört zu uns. Tut mir leid, dass er sich mal wieder danebenbenimmt. Komm sofort von Mister Millers Motorrad runter, hörst du? Ungezogener Pik!«

»Pikrit«, wiederholte »Mad« Matty. Ein leises Schmunzeln umspielte seine Lippen. Dann tätschelte er dem dies sichtlich genießenden Lavaat den Hinterkopf. »Ja, das passt. Ein Vulkanteufel, der wie Basaltgestein heißt. Und noch dazu ein richtiger Frechdachs ist, was?« Nun musste er lachen.

»Wir kommen wegen der Kerze«, sagte Elias und wechselte einen staunenden Blick mit seiner Schwester. »Und … Und dem Werwolf. Dem aus Wittlich, wissen Sie?«

Wieder lachte der alte Mann. »Na klar, weiß ich das. Glaubst du, dass in der Wittlicher Senke noch mehr Monster dieser Art herumlaufen?« Im Nu wurde er ernst. »*No*, mein Junge. Da gibt es nur den einen. Den allerdings schon sehr, sehr lange.«

»Dann wissen Sie darüber Bescheid?«, hakte Lena nach. Er kannte Lavaats, also kannte er vermutlich auch andere geheime Wahrheiten der Region. »Ist Wittlich in Gefahr?«

»Mad« Matty trat um sein Motorrad herum und kam ins Freie. Pikrit folgte ihm fröhlich tapsend. Der Amerikaner ließ sich auf dem breiten Sofa nieder und bot seinen Gästen ebenfalls einen Platz an. Dann griff er hinter das Möbelstück und brachte eine knallrote Kühlbox zum

Vorschein, der er einige Coladosen entnahm, um sie zu verteilen.

»In Gefahr? Das kannst du laut sagen!«, erwiderte er dann. In seiner Stimme lag Verbitterung. »Seit Wochen sage ich das schon. Ich war beim Organisationsteam der Säubrennerkirmes, bei der Polizei und sogar im Stadthaus. Überall habe ich die Verantwortlichen gewarnt, dass die Kerze aus der alten Sage nicht mehr brennen will und der Wolf zurückkehren wird. Ausgerechnet zur Säubrennerkirmes, wenn Vollmond ist. Aber überall hat man mich dafür ausgelacht. Niemand wollte mir glauben.«

»Wir glauben Ihnen«, sagte Elias. Pikrit nickte fest.

»Lieb von dir, *my boy.*« Der alte Amerikaner hob seine Dose an den Mund und nahm einen großen Schluck. »Aber du hast bei diesen Schlipsträgern im Stadthaus ebenso wenig zu melden wie ich. Die sehen keine Gefahr, sondern nur ihren Gewinn. Und wenn sie die Kirmes abbrechen müssten, würde ihnen sehr viel Geld entgehen.«

Elias nickte. So etwas hatten Lena und er bereits vermutet. Herr Feyerlich fürchtete weit mehr um die Einnahmen seiner Stadt als um die Sicherheit der Gäste.

»Aber wenn niemand etwas unternimmt«, fuhr »Mad« Matty fort, »wird eine Katastrophe geschehen. Auch heute Nacht geht der Vollmond über Wittlich auf, *kids*. Und dieses Wolfsungeheuer hat bestimmt Hunger auf frisches Menschenfleisch.«

Ein kalter Schauer lief über Elias' Rücken. Er hatte absolut nichts mit der eisgekühlten Cola zu tun. Mit einem Mal musste er an seinen Albtraum vom Vortag denken, an das schreckliche Ungeheuer vor dem Klassenzimmer und an Frankensteins Monster auf der Türschwelle. Schnell nahm er einen weiteren Schluck aus der Getränkedose.

»Ich überlege seit Tagen, was ich noch tun kann«, murmelte der alte Mann. »Aber mir fällt nichts ein. Der Werwolf ist bestimmt gnadenlos! Was soll einer allein schon gegen ihn ausrichten?«

»Woher kennen Sie sich eigentlich so gut aus?«, fragte Lena. »Mit Werwölfen, Lavaats und so, meine ich. «

Der Amerikaner lachte. »Ich wohne seit vielen Jahrzehnten in der Eifel, *my girl.* Als junger Mann kam ich mit der Armee hierher und verliebte mich sofort in die Gegend – in die schöne Natur und in die Ruhe und den Frieden. Ich beschloss, hierzubleiben und Wurzeln zu schlagen. Und vielen meiner Kameraden ging es da ganz ähnlich.«

Elias spürte, dass da noch mehr kam. »Aber?«, fragte er vorsichtig.

Der Blick des Alten verfinsterte sich. »Aber dann kam diese eine Nacht. Und ich begriff, dass Ruhe und Frieden auch an der idyllischen Lieser keine Selbstverständlichkeit sind.« Er begann zu erzählen.

Die Nacht war finster und kalt. Nebelschwaden zogen über die Wiesen, und am nahen Waldrand heulte eine Eule. Es klang unheimlich.

Matthew Miller schlug den Kragen seiner Uniformjakke höher und rieb sich die frierenden Hände. Seit Stunden hielt der junge Soldat aus Amerika nun schon Nachtwache am Grenzzaun seines Stützpunkts, und abgesehen von der Kälte hätte er seinen Vorgesetzten, die in ihren warmen Betten schliefen, nichts Besonderes melden können.

What a waste of time, seufzte Miller innerlich. *Was für eine Zeitverschwendung.*

Er war gern Soldat, und er war gern in der Eifel. Obwohl er erst seit wenigen Wochen hier arbeitete, konnte Miller sich keinen schöneren Ort vorstellen. An seinen freien Tagen spazierte er liebend gern durch die großen Wälder oder fuhr runter zur Mosel, um in einer kleinen Winzergaststube einzukehren. Er hatte Relikte aus den Römertagen besichtigt und war shoppen gewesen – all das direkt vor der eigenen Haustür. Und überall hatten die Menschen ihn freundlich aufgenommen. Je länger er darüber nachdachte, desto stärker wurde sein Wunsch, diese Gegend nie wieder zu verlassen. Er fühlte sich hier heimisch, so einfach war das.

Allerdings nicht in den eisigen Nächten. Grimmig setzte Miller seine Runde fort. Als Nachtwächter war es seine Aufgabe, den Zaun zu sichern, der den Stützpunkt umgab. Damit sich im Schutz der Dunkelheit kein Feind den Soldaten nähern konnte, während sie schliefen. Miller beherzigte seine Befehle natürlich, doch diesen einen hielt er für arg übertrieben. Wo bitte sehr sollte denn hier – ausgerechnet hier – ein Feind herkommen? Rechneten seine Vorgesetzten vielleicht damit, dass die Fichten drüben am Waldrand plötzlich nach Gewehren griffen? War das Geheul der Eule nur ein Code, mit dem gegnerische Geheimagenten einander Botschaften zukommen ließen? Natürlich nicht! Ein Wald war ein Wald, eine Eule eine Eule – und die Gegend rund um Wittlich war schlicht und ergreifend ein kleines Paradies, in dem niemandem Gefahr drohte.

Oder?

Ein leises Knurren drang an Millers Ohren, ganz kurz nur.

Fragend drehte sich der junge Soldat um. »Hallo?«

Nichts rührte sich in der Nacht jenseits des Zauns. Miller ließ den Blick über mondbeschienene Wiesen und dünne Nebelschwaden gleiten. Dann zuckte er mit den Schultern und ging weiter. Der schwere Helm auf seinem Kopf wurde immer unbequemer, und nicht einmal die schweren Stiefel an seinen Füßen konnten die Kälte der Eifler Nacht noch abwehren. Wenn das so weiterging, würde er zum lebenden Eiszapfen werden.

Abermals erklang das Knurren – näher als zuvor und um einiges lauter! Miller blieb schreckensbleich stehen und lauschte.

Was ist das?, dachte er und bekam eine Gänsehaut.

Suchend spähte er ins Dunkel. War da ein Tier? Ein streunender Hund, vielleicht? Es klang absurd, aber mit einem Mal – trotz des hohen Zauns und trotz des Gewehrs an seiner Schulter – hatte er Angst.

»Hallo?«, versuchte er es noch mal. »Wer ist da?«

Dann sah er die Gestalt! Ein dunkler Schemen stieg zwischen den weißgrauen Schwaden empor. Er war gut und gern zwei Meter groß. Die Nacht und der Nebel machten einen genauen Blick unmöglich, aber dieses Ding hatte immens breite Schultern und einen Kopf, der so groß war wie ein Medizinball.

Das kann nicht sein, schoss es Miller durch den Kopf. *Das ist nicht echt.*

Doch tief in seinem Inneren – da, wo nicht die Vernunft, sondern allein der Instinkt regierte – spürte er die unheimliche Gefahr. Er war allein hier draußen am Zaun. Seine Kameraden schliefen tief und fest. Niemand konnte ihm helfen und …

Mit einem Mal begriff er. »Andy?«, rief er der Nacht entgegen. Seine Stimme zitterte leicht. »Bist du das, Mann? Deine Streiche waren schon mal besser, *buddy*!«

Andy Wochenske war sein Stubenkamerad drüben in der Soldatenunterkunft. Der Blondschopf aus dem Norden der USA war stets zu Dummheiten aufgelegt und ein echter Spaßvogel.

»Was wird das hier?«, fragte Miller laut. »Spielst du ein Monster, das uns angreifen will? Einen …« Erst jetzt fiel ihm auf, dass Vollmond war. Er schmunzelte. »Einen Werwolf? Willst du mich erschrecken, Andy?«

Der dunkle Schemen ließ abermals sein furchteinflößendes Knurren erklingen. Es war tief und rau und gierig. Dann tauchte die Gestalt wieder zwischen den Schwaden ab.

Die Stille, die nun folgte, war ohrenbetäubend. Nichts regte sich mehr. Kein Windhauch drang noch zu Miller durch, und sogar die Eule war plötzlich verstummt. So als würde sie sich vor dem fürchten, was dort auf der Wiese lauerte.

Miller schluckte. »A… Andy?«, fragte er. Die Gänsehaut war zurück und mit ihr die instinktive Furcht. »Komm schon, Mann, lass den Quatsch. Ich habe keine Angst vor dir.«

Aber das war gelogen. Miller ging ganz schön die Muffe, und er wusste es. Fragend spähte er voraus, suchte nach Bewegungen in den Nebelschwaden, lauschte nach dem Rascheln der Grashalme oder dem Rauschen der Bäume.

Da war nichts. Absolut gar nichts. Nur die Nacht.

Warum fühlte er sich dann so beobachtet?

»Das ist nicht lustig, Leute«, sagte er. Seine Knie wurden immer weicher, und er wagte es kaum noch zu atmen. »Ernsthaft, hebt euch eure blöden Späße für die Freizeit auf. Ich bin im Dienst und … und …«

Ein weiteres Knurren erklang – so nah, als stünde die Gestalt direkt vor ihm! Es war ganz und gar nicht menschlich! Kein Mensch konnte solch ein entsetzliches Geräusch erzeugen! Es fuhr Miller durch Mark und Bein, und ehe er richtig begriff, was er da tat, wich der junge Amerikaner auch schon zwei Schritte zurück und hob abwehrend die Arme.

Dann geschah es. Das Monster schoss aus den Nebelschatten empor wie ein Haifisch aus den Weiten des Ozeans! Keine Handbreit vor dem Zaun richtete es sich zu voller Größe auf – und es *war* ein Riese. Fahles Mondlicht fiel auf dunkles Fell, auf klauenartige Hände, auf Arme voller Muskeln. Der Schädel der Kreatur glich dem eines gigantischen Wolfs, mit grimmig funkelnden Raubtieraugen und einem langen Maul, in dem gewaltige spitze Zähne prangten.

»Aaaah!«, schrie Miller. Panisch taumelte er zurück, verlor das Gleichgewicht und landete unsanft im feuchten Gras. Was war das? Großer Gott, *was war das*?

Die Kreatur reckte die pelzigen Arme zum Himmel, als wollte sie den Mond mit ihren Klauen vom Firmament kratzen. Sie warf den Kopf in den Nacken und brüllte! Laut und wild und unbezwingbar hallte ihr animalischer Ton über die nebelverhangene Wiese. Er schnitt durch die Stille der Nacht wie ein Messer, und er kannte keine Gnade.

Miller reagierte, ohne nachzudenken. Mit den geschulten Reflexen eines Soldaten griff er nach seinem Gewehr. Doch die Angst saß längst zu tief in seinen Knochen. Seine Finger zitterten und konnten die Waffe nicht halten. Kaum hatte er sie von der Schulter genommen, fiel sie ihm auch schon aus den Händen und landete außerhalb von Millers Reichweite unnütz am Boden.

Der Wolf, der auf zwei Beinen stand, brüllte erneut. In seiner Raubtierstimme lag Wut – unendliche Wut.

Hilfe, keuchte Miller in Gedanken. *Ich brauche Hilfe. Schnell!*

Seine zitternden Hände gingen erneut auf Wanderschaft und fanden das klobige Funkgerät an seinem Gürtel.

So vorsichtig er nur konnte, zog Miller das Gerät aus seiner Halterung und hob es an den Mund. Dabei wagte er es nicht, das Monster auf der anderen Seite des Zauns auch nur für einen Sekundenbruchteil aus den Augen zu lassen. Sein Blick haftete wie gefesselt auf dem Wolfsmenschen.

Es knackte, als Miller das Walkie-Talkie einschaltete. »H… Hallo?«, sprach er leise. »Hört mich jemand? Hier ist … ist Miller am Nordzaun und … und … *Oh nein, es kommt näher!*«

Den letzten Satz hatte er geschrien. Denn das Monster hatte einen letzten, großen Schritt auf den Zaun zugemacht. Nun packte es mit seinen langen Krallenfingern danach, riss und zerrte an dem maschenförmigen Gitter und knurrte unablässig.

Einen Augenblick später ging der Alarm los. Die empfindlichen Sensoren, die auf jede ruckartige Bewegung des Zauns reagierten, erledigten ihre Arbeit auch in dieser Nacht mit beruhigender Verlässlichkeit. Lautes Sirenengeheul hallte über den kleinen Stützpunkt, und ein ganzes Bataillon von Suchscheinwerfern erwachte zum Leben, um der Dunkelheit ihre Schatten zu rauben. Schon flogen erste Türen auf. Befehle hallten über den Stützpunkt, schnelle Schritte und hektisches Treiben folgten.

»Sie kommen«, begriff Miller, und unendliche Erleichterung breitete sich in ihm aus. »Siehst du das, du Monster? Meine Kameraden kommen und …«

Dann verstummte er. Denn als er den Blick einmal mehr zum Zaun richtete, war da niemand! Von der unheimlichen Kreatur fehlte jede Spur. Während die Sirenen plärrten und die Soldaten sich fragend umschauten, fiel das Licht der grellen Suchscheinwerfer nur auf nebelverhangene Wiesen und den schweigenden Waldrand. Der Spuk war vorbei.

Wo bist du hin?, dachte Miller. Ungläubig starrte er voraus und stemmte sich mit zitternden Händen vom Boden hoch. *Wie kannst du so schnell abgehauen sein? Ich hab doch nur einen winzig kleinen Moment lang nicht aufgepasst?*

Doch die Tatsache blieb: Der Wolfsmensch war fort. Die Nacht hatte ihn verschluckt und würde ihr Geheimnis für sich behalten.

»Was war los, Miller?«, fragte der Vorgesetzte, als er bei seinem Nachtwächter eintraf. »Was hat die Sirenen ausgelöst und uns aus dem Bett gerissen? Ich kann nirgendwo eine Gefahr erkennen.«

Matthew Miller schluckte trocken und klopfte sich den Schmutz von der Uniform. Er wusste, dass ihm niemand glauben würde. Deshalb gab es nur eine Antwort, die er nun geben konnte.

»Nichts, Sir«, log der junge Soldat, und ein kalter Schauer zog dabei über seinen Rücken. »Absolut gar nichts. Es … Es war bloß falscher Alarm.«

»Mad« Matty seufzte, als er seine Geschichte beendete. Die Erinnerung an damals steckte ihm noch immer in den alt gewordenen Knochen. »Jedenfalls ist das inzwischen mehr als vierzig Jahre her«, sagte der Amerikaner. Die Coladose in seinen faltigen Händen hatte er schon seit über einer Viertelstunde nicht mehr an den Mund geführt. »Damals war ich noch ein junger Mann. Aber in dieser einen Nacht veränderte sich für mich vieles.«

Elias nickte. Er, Lena und Pikrit saßen noch immer neben »Mad« Matty auf dem Hof der alten Tankstelle. Beim Bericht des so freundlichen Mannes hatte Elias trotz der Hitze eine Gänsehaut bekommen.

»Mad« Matty sah zu Lena. »Du hast mich vorhin gefragt, woher ich so viel über die Geheimnisse der Eifel weiß. Über das Morbach-Monster, über Lavaats wie Pikrit und so weiter.« Er nickte. »Das ist der Grund, *my girl.* Jene Nacht damals am Zaun. Nie zuvor hatte ich solche Angst. Sie … Ich spüre sie bis heute.«

»Haben Sie den Wolf je wieder gesehen?«, fragte Elias' Schwester.

»In gewisser Weise schon. Am nächsten Morgen, kurz nach Sonnenaufgang, ging ich auf die Wiese vor unserem Stützpunkt. Ich wusste nicht mehr, was ich glauben sollte, verstehst du? Ich wollte Gewissheit. Hatte mir meine Fantasie einen bösen Streich gespielt?« Er atmete tief durch. »Als ich die Stelle erreichte, an der das Untier gestanden hatte, fand ich seine Fußabdrücke im feuchten Erdreich. Schwere, prankenhafte Abdrücke. Da war mir endgültig klar, dass mir niemand Streiche spielte und ich wirklich einen Werwolf gesehen hatte. Ein Monster wie aus dem Kino – nur in echt.«

»Wow«, flüsterte Elias. Sogar Pikrit lauschte den Worten ihres Gastgebers sichtlich gespannt.

»Seitdem beschäftige ich mich mit den Sagen der Eifel. Ich will sie verstehen, damit ich mich vor ihnen schützen kann – mich und andere. Damit Monster wie dieser Wolf nie wieder einen Menschen bedrohen.«

»So sind Sie auch auf die Lavaats gestoßen«, begriff Elias.

Der Amerikaner lächelte. »Die sind ebenfalls kleine Ungeheuer«, sagte er. Dabei strich er Pikrit über den kahlen Schädel. »Mit lauter Flausen im Kopf.«

»Das stimmt.« Lena grinste breit. »Und mutig sind sie auch.«

»Manchmal sogar ein bisschen zu sehr«, murmelte Elias.

»Held.« Pikrit nickte ganz feierlich. Er genoss das Lob der anderen. »Pik großer Held.«

»Wenn du das sagst«, meinte Lena und knuffte ihn in die Seite.

~

Kapitel 6
Der Schrecken von Wittlich

Es dämmerte bereits, als die Freunde wieder aufbrachen. »Mad« Mattys Erinnerungen hatten den Nachmittag wie im Flug vergehen lassen, und nun kündigte sich der Abend an. Der Himmel über Hupperath färbte sich allmählich rot, kleine Schäfchenwolken zogen über den Pichterberg, und als Lena und Elias am Hormersbach entlang und durch die Straßen des kleinen Dorfs radelten, sahen sie fast nur noch verlassene Häuser.

»Die Bewohner sind bestimmt alle auf der Säubrennerkirmes«, vermutete Elias.

»Glaube ich auch.« Lena sah mit sorgenvoller Miene zu den dunklen Fenstern und in die menschenleeren Seitengassen. »Und nicht nur die von hier. Die halbe Eifel wird heute Abend auf dem Fest sein. Es ist Samstag und herrliches Sommerwetter. Da wollen sich alle im Freien amüsieren.«

»Ich nicht«, murmelte ihr Bruder. »Ich wäre jetzt viel lieber im Computerzimmer.«

Doch das stimmte nicht, und Lena wusste es. Elias mochte ein Stubenhocker sein, aber die Zeit zwischen Riesenrad und Zuckerwattestand hatte auch ihn begeistert. Bis das Monster auf der Bildfläche erschienen war. Seitdem waren sie beide ein bisschen verängstigt – und das, wie Mister Millers Bericht belegte, nicht ohne Grund.

Trotzdem beschloss Lena mitzuspielen. Ihm zuliebe. »Du bist ja auch seltsam, Hohlbirne«, scherzte sie. »Ich meine natürlich alle *normalen* Menschen.«

»Ha, ha«, brummte er und trat in seine Pedale. Dabei war ihr, als könnte sie ihn grinsen hören.

»Wolf kommt«, meinte Pikrit. Er saß wieder hinter Elias auf dem Gepäckträger und schien sich ebenfalls Sorgen zu machen.

Lena nickte. »Stellt euch das nur mal vor, Leute: Ein Monster wie aus Professor von Schlotterfests Unterricht wütet auf der Kirmes.«

Ein Klingeln rechts hinter ihr ließ sie stutzen. Als sie den Kopf zur Seite drehte, setzte Elias gerade zu einem Überholmanöver auf der leeren Dorfstraße an.

»Schneller, Lärma«, sagte er, und Pikrit winkte ihr fröhlich zu. »Bevor es dunkel wird, müssen wir diesen sturen Bürgermeister finden und ihn zur Vernunft bringen. Die Kirmes darf nicht stattfinden. Nicht bei Vollmond.«

Da hatte er recht, fand sie. Doch so, wie sie Felix Feyerlich einschätzte, dürfte das sehr, sehr schwierig werden.

Das Fest der Säubrenner war in vollem Gange. Schon von Weitem hörte Elias die fröhliche Musik, die durch Wittlichs Straßen hallte, und roch den verlockenden Duft von Grillfleisch und süßem Gebäck. Bunte Lampions hingen an den Balkonen vieler Häuser, und als sie sich dem Kirmesgelände im Herzen der Stadt näherten, kam den Freunden ein gut zwei Dutzend Personen starker Spielmannszug entgegen, der laut und feierlich seine Instrumente erklingen ließ. Ein großer Pulk an Zuschauern begleitete ihn auf seinem Weg. Die Leute lachten und tanzten und amüsierten sich königlich.

Hier hat sich nichts verändert, erkannte Elias. *Die wissen alle nicht, in welcher Gefahr sie schweben. Wer glaubt denn schon an alte Sagen?*

Den Weg zum Stadthaus kannten die Zwillinge inzwischen. Doch nachdem sie die Räder vor dem großen Gebäude abgestellt hatten, fanden sie es verlassen und verschlossen vor.

»Wahrscheinlich ist der Bürgermeister ebenfalls feiern gegangen«, sagte Lena. Seufzend stemmte sie die Hände in die Hüften.

»Dann suchen wir ihn eben in der Menge«, entschied Elias. Nervös sah er auf die Uhr. »Oder wir suchen den Direktor, seinen alten Kumpel. Bis die Sonne komplett untergegangen ist, dauert es noch ein bisschen. Wir haben eine Chance.«

Schnell stürzten sie sich in den Trubel, der die Stadt der Säubrenner fest im Griff hatte. Doch ein erster Rundgang über das Festgelände brachte absolut gar nichts – abgesehen davon, dass ihnen Pikrit irgendwo im Pulk der Kirmesgäste verloren ging. Vor dem Alten Rathaus mit seinen gerundeten Fenstern und dem aus der Ferne sichtbaren Uhrturm hielten die Zwillinge erneut Kriegsrat.

»Es hat keinen Zweck«, meinte Lena. »Wir kommen so nicht weiter.«

»Und Pik ist auch über alle Berge«, sagte Elias seufzend. »Wahrscheinlich sitzt der Frechdachs längst unbemerkt im Autoscooter und amüsiert sich.«

Lena fasste einen Entschluss. »Die Zeit drängt, Hohlbirne. Ich schlage vor, wir trennen uns.« Sie deutete auf einige Buden, die den Weg zum Flussufer säumten. »Du suchst da drüben weiter, ich sehe mich in Richtung Eventum um. Irgendwo muss der Direktor ja stecken!«

»Einverstanden.« Elias sah zum Himmel über dem Marktplatz. Die Zahl der funkelnden Sterne hatte in den letzten Minuten rasant zugenommen. Auch der Mond kroch schon langsam über die Hausdächer und ins Sichtfeld der Geschwister. Doch noch war das Firmament nicht gänzlich dunkel. »Uns bleibt vielleicht noch eine halbe Stunde, bis der letzte Rest Sonnenlicht verschwindet. Das ist nicht viel, aber es muss reichen. Es *muss* einfach!«

»Auf geht's«, sagte Lena. Dann rannte sie los. Nach wenigen Metern war sie im Gewühl der feiernden Menschen verschwunden, die nichts ahnend durch die Straßen zogen.

Elias drehte sich ebenfalls um. Wachsam ging er an den Kirmesbuden vorbei. All die gebrannten Mandeln und tollen Fahrgeschäfte reizten ihn nicht länger. Selbst die Aussicht auf die bevorstehenden Sommerferien konnte ihn nicht begeistern. Dafür musste er einfach zu oft an »Mad« Mattys Geschichte denken – und an die Ungeheuer aus seinem Albtraum vom Vortag. Nur dreißig Minuten blieben Lena und ihm, dann würde sich der Schrecken von damals wiederholen! Hier und in echt, mitten auf der vielleicht tollsten Party der Eifel!

Das durfte nicht passieren. Unter keinen Umständen.

Eine Hand packte ihn an der Schulter. Elias erschrak so sehr, dass er fast aufschrie.

»Hoppla!« Phillip stand hinter ihm, als er sich umdrehte, und wich zurück. Der braunhaarige Junge hielt eine dicke Eistüte in der rechten Hand. »Hab ich dir Angst eingejagt? Das wollte ich nicht.«

Elias atmete tief durch. Sein Herzschlag normalisierte sich nur langsam. »Ich bin bloß ein bisschen nervös«, log er. »Aber beim nächsten Mal ruf mich lieber, anstatt dich so anzuschleichen.«

»Ich *hab* dich gerufen«, betonte sein Gegenüber und leckte an einer besonders dicken Kugel Erdbeereis. »Sogar zweimal. Du hast mich nur nicht gehört. Ich stand gleich da drüben.« Phillip deutete nach links, wo eine kleine Bühne von Scheinwerfern erhellt wurde. Bestimmt hundert Menschen tanzten davor zur Musik, die die Band auf der Bühne spielte. »Die sind richtig gut. Und die Texte sind auf Eifler Platt. *Das* klingt vielleicht schräg!«

Auf einmal hatte Elias eine Idee. »Komm mit«, sagte er und lief los.

Im Nu hatte sich der Junge durch die Menge gedrängelt und die Bühne erreicht. Die Frontfrau der vierköpfigen Truppe stand im Scheinwerferlicht. Sie trug eine elektrische Gitarre und sang in ein silbernes Mikrofon. Hinter ihr konnte Elias einen Keyboarder, einen Bassisten und einen Schlagzeuger erkennen. Über Letzterem prangte der Name der Band auf einem breiten Banner: *Dorfgespräch*.

Elias sah zu seinem Zimmerpartner. »Ich muss da rauf.«

»Wie bitte?«, entfuhr es Phillip.

»Auf die Bühne. Ich muss sofort auf die Bühne.«

»Spinnst du? Wie willst du denn …?«

Doch Elias ließ ihn nicht ausreden. »Hier, hilf mir mal kurz«, sagte er, trat zur Bühne und begann, auf sie zu klettern.

Nach einem kurzen Moment des Zögerns machte Phillip die dazu nötige Räuberleiter. »Du bist echt verrückt, Schäfer«, murmelte er.

Elias bekam einen ganz roten Kopf, als er plötzlich auf der Bühne stand und in hundert Gesichter blickte. Den gesamten Marktplatz von Wittlich hatte er von hier oben im Blick. Fragend sah er sich um.

Und die Musik verstummte.

»He, Jung«, erklang eine Frauenstimme aus den großen Lautsprecherboxen rechts von ihm. Sie gehörte der Sängerin von *Dorfgespräch*. »Wells dou ouch en Leed sangen? Da kumm, eisch jenn der ming Mikro jeren.«

Elias lebte nun schon lange genug in der Eifel, um den Dialekt wenigstens ansatzweise zu verstehen. »Nein, ich möchte nichts singen«, sagte er und sah entschuldigend zu der netten Frau am Mikrofon. »Ich suche nur ganz, ganz dringend meinen …«

Dann fand er den Direktor! Professor von Schlotterfest, Herr Butterball und Frau Schipanelli standen an einem Stand für Moselwein rechts vor der Bühne. Alle drei hatten

Gläser in der Hand und schienen sich prächtig zu amüsieren. Sogar die dauerstrenge Schipanelli hatte ein Lächeln auf den damenhaft blassen Zügen.

»Bingo«, murmelte Elias. Ohne lange nachzudenken, lief er los, einmal quer über die Bühne und vorbei an der verdutzt guckenden Rockband. Die Menge auf dem Marktplatz lachte, mancher applaudierte sogar, als wäre Elias' Auftritt eine besonders gelungene Showeinlage.

»Dat oss de aale Fritz«, sagte die Sängerin. Sie beobachtete ihn lachend und schüttelte gleichzeitig den Kopf. »Der alte Raubritter Friedrich von Ehrenberg ist hier, Leute. Einmal mehr startet er einen erbarmungslosen Angriff auf Wittlich.« Die Menge johlte vor Vergnügen.

Elias hatte inzwischen das andere Bühnenende erreicht. Mit einem großen Satz sprang er hinunter – und direkt vor die Füße eines Albtraums.

»Der junge Herr Schäfer«, sagte Knut Geiergift. Der Lehrer hatte die Hände hinter dem Rücken verschränkt und eine Augenbraue gehoben. Tadelnd sah er Elias an. »Ist unter die Clowns gegangen, wie ich sehe.«

»T… Tut mir leid, Herr Geiergift«, haspelte Elias. Unter allen anderen Umständen hätte er sich jetzt Sorgen um Strafarbeiten oder ums Nachsitzen gemacht. »Aber ich habe kein bisschen Zeit für Sie.«

Elias hörte, wie sein Lehrer scharf einatmete. Da trat bereits der Direktor näher.

»Was haben wir denn hier?«, fragte Professor von Schlotterfest. Er trug wie üblich seine seltsame Safarikleidung. Außerdem hatte er eine Hand seitlich ausgestreckt und hielt, wie Elias nun begriff, den unsichtbaren Lavaat an der Hand. »Erst kommt Pikrit ganz hektisch zu mir geeilt, jetzt Elias? Wüsste ich es nicht besser, würde ich mir allmählich Sorgen machen.«

»Erster!«, raunte Pikrits Ofenrohrstimme dazu, und Elias spürte, wie der kleine Kerl ihn freundschaftlich anstupste. »Pik gefunden!«

»Ja, Kumpel«, sagte Elias. »Da warst du wohl schneller als ich.«

Hinter dem Direktor kamen inzwischen auch die zwei anderen Lehrer heran. Frau Schipanelli wirkte wieder so ernst wie eh und je, aber Herr Butterball nippte genüsslich an seinem Wein.

»Wir müssen sofort eingreifen!«, erklärte Elias. Er war sehr nervös, denn der Himmel war inzwischen komplett dunkel geworden, und die Nacht regierte. »Herr Direktor, es *gibt* den Werwolf von Wittlich noch immer. Verstehen Sie? Wir müssen die Kirmes abbrechen, bevor es zu spät ist!«

Professor von Schlotterfest hob überrascht eine Braue. »Wie bitte? Was …?«

Aber er kam nicht dazu, die Frage zu beenden. Denn ein gellender Schrei hallte über den Marktplatz, lauter als die feiernde Menge und die Band auf der Bühne. Er war schrill, panisch und voller Entsetzen.

Ein zweiter Schrei schloss sich ihm an, dann ein dritter, ein vierter.

Und Elias Schäfer begriff: Es *war* bereits zu spät!

~

Kapitel 7
Gegen die Angst

Das Ungeheuer war riesig. Brauner Pelz bedeckte seinen muskulösen Körper – die breiten Schultern, die vor Stärke nur so strotzenden Arme und Beine –, und sein gewaltiger Schädel hatte ein langgezogenes Maul mit spitzen Reißzähnen. In seinen Augen funkelte es böse, und als es den Kopf einmal mehr in den Nacken legte, stieß es ein ohrenbetäubendes Geheul an. So laut, dass Lena fast glaubte, man könnte es sogar auf dem Mond hören.

Abermals wich das Mädchen einen Schritt zurück. Aus dem Augenwinkel sah sie, wie die Menschen die Flucht ergriffen. Immer mehr Kirmesgäste drehten sich in die Richtung um, aus der das Gebrüll des Monsters kam, und rissen dann entsetzt die Augen auf. Lena konnte es ihnen nicht verdenken.

Alles ging so furchtbar schnell. Eben noch war sie suchend über den Pariser Platz im Herzen der Wittlicher Altstadt gelaufen, vorbei an duftenden Imbissbuden und bunten Fahrgeschäften. Dann war das letzte Licht der Sonne vom Himmel gewichen … und das Monster erschienen. Von einem Augenblick zum anderen war es einfach da gewesen, fast so, als hätte es in den Schatten gewartet. Es war aus einer kleinen, menschenleeren Seitengasse getreten, groß und stark und durch und durch furchteinflößend, und nun stand es da – mitten auf dem Platz!

Erneut hallte sein Wolfsgeheul von den Hauswänden wider. Passanten gingen in Deckung, und ein dicker Wirt duckte sich erschrocken hinter den Tresen seiner Weinbude. Die Musik, die aus verborgenen Lautsprechern drang und fröhliche Stimmung verbreiten sollte, verstummte so abrupt, als hätte sogar die Technik Angst vor dem unheimlichen Gast der Kirmes.

»Was ist das?«, schrie jemand.

»Lauft!«, rief ein anderer. »Nichts wie weg hier!«

Der Werwolf drehte den Kopf in die Richtung der Gäste und knurrte laut. Sofort rannten die entsetzten Menschen fort. Ein riesiges Durcheinander entstand, als sie sich alle gleichzeitig hinter den Absperrungen des Kirmesgeländes, unter Tischen und Bänken oder in den Gassen verstecken

Mandeln

wollten, die an den Pariser Platz grenzten. Selbst hinter den Brunnen der Säubrenner kauerten sich bereits Leute und lugten aus ihrer Deckung hervor – fragend, ängstlich und verloren.

Erst jetzt bemerkte Lena, dass sie als Einzige mitten auf dem Platz stehen geblieben war. Und der Werwolf bemerkte es auch.

»Grrrr!«, machte das riesige Ungeheuer. Auf zwei Beinen kam es auf Lena zu, die klauenartigen Hände zum Angriff erhoben.

Oh, oh, dachte die Schülerin. *Das ist nicht gut.* Panisch wich sie einen Schritt zurück, dann noch einen und dann … prallte sie gegen etwas Hartes.

Das Harte entschuldigte sich nicht. Stattdessen trat es an dem Mädchen vorbei und dem Monster entgegen. Es war ein Mann.

»Bleib stehen, du Ungetüm!«, zischte Felix Feyerlich. Der Bürgermeister war kreidebleich. Schweiß bedeckte seine Stirn, und nicht nur seine Stimme zitterte. »Sonst ergeht es dir schlecht, hörst du?« Dabei hob er die Arme, in denen er ein altes Jagdgewehr hielt, und zielte auf den Werwolf.

Einen halben Herzschlag später waren die anderen da. Aus dem Augenwinkel sah Lena, wie Elias, Direktor von Schlotterfest und die übrigen Lehrer herbeieilten. Pikrit, der tapfere Lavaat, reagierte sofort und stellte sich so breitbeinig, wie seine kleinen Beinchen es eben erlaubten, vor

Lena, um sie zu beschützen. Dann sah er den Wolf drohend an.

Auch Elias war plötzlich neben ihr. »Alles okay?«, hauchte er.

Lena nickte. »Noch.« Sie wagte es nicht, das riesige Monster aus den Augen zu lassen.

»Was in aller Welt …« Professor von Schlotterfest keuchte. »Felix, was ist hier los? Du sagtest doch …«

»Bleib zurück, Hilli«, warnte der Bürgermeister. Er drehte sich nicht um, sondern behielt das Ungeheuer fest im Blick. Sein Finger lag schon ab Abzug des Gewehrs. Mit jeder Silbe, die über seine Lippen kam, wurde er selbstsicherer. Mutiger. Und ruhiger. »Ich regele das, alter Freund. Und zwar ein für alle Mal.« Er nickte dem Werwolf auffordernd zu. »Hörst du, du elender Teufel? Ich werde dich lehren, dich in meine Stadt zu schleichen. Das hier ist *meine* Kirmes! Hier ist kein Platz für jemanden wie dich!«

Der Wolf reckte die Krallenhände zum Himmel, als wollte er die Sterne schlagen. Abermals ließ er sein Geheul erklingen. Es war gierig und zornig.

Aber auch irgendwie flehend. Oder?

Lena stutzte. Dann kam ihr eine Idee.

»Es gibt keine Monster«, murmelte sie. Ihr Herz schlug wie wild. Tat sie das Richtige? War das nicht die dümmste Idee ihres Lebens?

Elias griff nach ihrer Hand. »Was?«, fragte er ängstlich.

»Es gibt keine Monster«, wiederholte sie. Dann atmete sie tief durch. »Das hat Direktor von Schlotterfest uns selbst gesagt, weißt du noch? Gestern in der letzten Unterrichtsstunde.«

»Ja und?« Ihr Bruder deutete vor sich. »Da steht eins! Direkt vor uns!««

Sie schüttelte den Kopf. »Ach was«, sagte sie leise. »Das meinst du nur. Weil du Angst hast.«

Dann nahm sie all ihren Mut zusammen, ließ Elias' Hand los … und trat dem pelzbewehrten Albtraum von Wittlich entgegen.

»Lena!«

Sie hörte den warnenden Ruf ihres Direktors, doch sie blieb nicht stehen. Jetzt nicht mehr.

»Hey«, sagte sie zu dem Ungeheuer. Ihr Herz schlug ihr bis zum Hals, und ihre Handflächen waren schweißfeucht. »Ich bin Lena. Und wir tun dir nichts, okay? Tust du uns auch nichts?«

»Von wegen«, sagte Bürgermeister Feyerlich. Wieder legte er auf den Werwolf an. »Verschwinde von hier, Mädchen. Ich zeige diesem Monstrum schon, was Sache ist.« Dabei griff er nach Lenas Schulter und zog sie zurück.

»Nein«, erwiderte sie und schüttelte die Hand des Mannes ab. »Eben nicht. Sie irren sich, Herr Feyerlich. Sie alle liegen völlig falsch.«

Nun schien auch Pikrit zu begreifen, was sie vorhatte. Der kleine Lavaat wandte dem Wolf plötzlich den Rücken zu. Stattdessen sah er – und zwar genauso drohend wie zuvor – nun den Bürgermeister an. Er äffte sogar das Knurren des Wolfs nach!

»Was?« Feyerlich blinzelte. »Hilli, pfeif gefälligst deine Knirpse zurück! Was soll das werden?«

»Das frage ich mich auch«, sagte der Direktor. Warnend trat er aus der Menge. »Lena, du …«

Sie schüttelte den Kopf. »Herr Direktor, es gibt keine Monster«, sagte sie, so fest sie konnte und hoffte, auch sich selbst zu überzeugen. »Haben Sie das schon wieder vergessen?«

Der Werwolf war keinen Millimeter näher gekommen. Im Gegenteil: Seit Lena ihm langsam und freundlich entgegenkam, hatte er nicht einmal mehr geknurrt. Er stand einfach nur da und schien abzuwarten.

Weil ich recht habe, hoffte das Mädchen. *Es muss einfach so sein.*

»Die Erwachsenen hatten immer nur Angst«, wandte sie sich an den pelzigen Riesen. »Vor dir und um ihre Kirmes. Richtig? Von Anfang an haben sie dich gefürchtet und dir gedroht. Sogar Mister Miller hätte damals liebend gern auf dich geschossen. Weil er glaubte, dass du eine Gefahr wärst.«

»Lärma, das *ist* er doch auch!«, rief Elias voller Sorge.

Sie hob die Hand und streckte sie dem Riesen entgegen. »Ich glaube das nicht. Die wahre Gefahr ist nicht der, der anders ist. Es sind diejenigen, die vor lauter Angst sogar auf unschuldige Schweinchen losgehen.«

Das Unglaubliche geschah: Der Werwolf ergriff Lenas Hand und drückte sie! Einen Herzschlag später regnete es Mondlicht. Weiße, leuchtende Funken umgaben den unheimlichen Besucher plötzlich. Sie waren hell wie tausend Feuer und flackerten wie Glühwürmchen auf einer nächtlichen Wiese. Lena musste die Lider enger zusammenkneifen, so sehr blendete das gleißende Licht.

Als sie die Augen wieder öffnete, war der Werwolf fort. Stattdessen stand ein Mann im Zentrum des nun blitzschnell verblassenden Wirbels aus Mondlicht.

Die Menge keuchte. Erstaunte Rufe wurden hinter den Kirmesbuden laut, irgendwo erklang sogar Applaus.

Lena sah zu dem Fremden. »Es war alles nur ein Zauber, nichts weiter«, begriff sie. Dann winkte sie ihren Bruder zu sich. »Verstehst du, Hohlbirne. Der Wolf ist nicht böse. Denn der Direktor hatte völlig recht: Es gibt keine Monster.«

»Wer um Himmels willen sind Sie?«, fragte Elias den Mann.

Der Fremde, der eben noch ein Wolf gewesen war, trug altmodische Kleidung, wie es sie im Mittelalter gegeben haben mochte. Sein Haar war schwarz und schweißnass, sein Gesicht blass, aber freundlich. Er tastete an sich hinab, als könnte er kaum glauben, dass er sich zurückverwandelt hatte.

»Oh, tausend Dank«, sagte er dann. »Es ist vorbei – endlich vorbei!«

Felix Feyerlich ließ das Gewehr sinken. Auch Professor von Schlotterfest kam nun näher.

»Wie heißen Sie?«, fragte der Direktor. Neugierig betrachtete er die Gesichtszüge und die Kleidung des Unbekannten. Dann hob er eine Braue und schien zu begreifen. »Nicht im Ernst! Seid *Ihr* es etwa, Ritter Friedrich?«

Der Mann deutete eine kleine Verbeugung an. »Friedrich von Ehrenberg lautet mein Name, ganz genau. Und wie ich sehe, bin ich in dieser Stadt auch nach all der Zeit noch kein Unbekannter. In Wittlich, das mein Schicksal wurde.«

»Hilli?« Bürgermeister Feyerlich sah von dem alten Raubritter zu dem alten Direktor. Sein Tonfall war ganz weinerlich. »Hilli, was passiert hier?« Dann fiel er in Ohnmacht, mitten auf dem Pariser Platz.

Die Kirmesbesucher kamen applaudierend aus all ihren Verstecken. Sie glaubten wohl, Zuschauer eines sehr coolen und unangekündigten Theaterstücks geworden zu sein. Pikrit reagierte sofort und verbeugte sich so selbstverständlich wie ein richtig großer Schauspielstar.

Zwei Stunden später war die Geschichte erzählt und auch die letzte Frage beantwortet. Lena, Elias, Pikrit und der Direktor standen auf einem kleinen Hügel wenige Dutzend Meter außerhalb der Stadtgrenzen. Neben ihnen plätscherte der Rommelsbach friedlich durch sein Bett, und hinter ihnen feierte Wittlich seine Kirmes mit ungebremster Begeisterung. Bis hierher konnten sie die fröhlichen Klänge hören, und das funkelnde Riesenrad ragte über die Dächer der Häuser wie ein stummes Versprechen.

»Ich muss schon sagen«, begann der Direktor. »Dies war eine der bemerkenswertesten Begegnungen meines Lebens.«

Friedrich von Ehrenberg lächelte. »Ganz meinerseits, Herr Direktor. Glaubt mir, auch ich habe lange keine so besondere Nacht mehr erleben dürfen wie diese. Seit sehr, sehr langer Zeit begegnete man mir überall, wo ich hinkam, nur mit Furcht und Zorn.«

»Dabei hätten die Leute einfach nur mal hinter die Fassade blicken müssen«, sagte Lena.

Sie glaubte kaum, was alles geschehen war. Nur ein bisschen Mut, mehr hatte es gar nicht bedurft, um das Geheimnis von Wittlich zu offenbaren.

Der Ritter aus der Säubrennersage! Sie hatten tatsächlich den alten Friedrich von Ehrenberg von einem Fluch befreit, der ihn jahrhundertelang an die Region gebunden hatte. Wow!

»Nicht nur die Leute«, sagte ihr Bruder schuldbewusst. »Auch wir dachten die ganze Zeit, dass der Wolf ein Ungeheuer wäre. Das haben wir echt nie hinterfragt, sondern einfach geglaubt. Weil alle anderen es auch glaubten. Schön blöd.«

»Es ist nicht schlimm, Angst zu haben«, wusste der Direktor. Nachdenklich strich er Pikrit über den Kopf. »Manchmal ist es sogar das einzig Richtige. Schlimm ist nur, wenn man der Angst das Ruder überlässt und alles, was sie einem einflüstern möchte, vorbehaltlos schluckt.«

»Angst bekam ich auch«, sagte der Raubritter. »Das könnt Ihr mir glauben. Ich hatte Wittlich lange Zeit unter meiner Kontrolle, wisst Ihr. Ich war ein böser Mann. Doch dann lehnten sich die Einwohner gegen mich auf. Sie stürzten mich und trieben mich aus ihrem Stadttor.«

Lena nickte. Genauso stand es in der alten Sage.

»Aber sie taten noch mehr«, fuhr Friedrich fort. »Kaum hatte ich die Stadtgrenzen verlassen, stellte sich mir eine Hexe in den Weg. Sie sagte, sie wolle mich für meine Gier bestrafen. Dafür, wie ich mit Wittlich umgegangen sei.«

»Und dann verwandelte sie Sie in einen Wolf?«, fragte Elias staunend.

Der Raubritter nickte. »Viele Hundert Jahre lang musste ich so leben. Immer wenn der Vollmond über der Wittlicher Senke erschien, musste auch ich hierher zurückkehren. Als Monstrum, dem jedermann mit Hass und Abscheu begegnete. Das war meine *wahre* Strafe.«

Lena hatte Mühe, sich das vorzustellen. Ehrlich gesagt wollte sie es gar nicht erst versuchen. Hunderte von Jahren allein sein zu müssen, ausgestoßen und gefürchtet? Das klang schrecklich.

Dieser Teil der Sage war sogar dem Direktor neu. »Was für ein erhellender Bericht, nein wirklich«, sagte er. »Und was für eine Mahnung. Ich kann Euch nur um Verzeihung bitten, Ritter Friedrich.«

Der Mann sah beschämt zu Boden. »Für was, Herr Direktor? Ich war kein netter Mensch, damals in meiner Blütezeit. Ich verdiente eine Bestrafung.«

»Aber keine halbe Ewigkeit in Gestalt eines Monstrums«, widersprach Professor von Schlotterfest. »Selbst ich habe Euch für eine Gefahr gehalten, anstatt meine Vorurteile zu hinterfragen. Dafür verdient Ihr meine aufrichtige Entschuldigung.«

»Wenn das so ist, nehme ich sie dankend an.«

Lena runzelte die Stirn. »Sie sind nicht länger verzaubert und haben lange genug für Ihre Taten gebüßt. Was werden Sie jetzt machen, Herr … ähm, Ritter Friedrich?«

Ein wissendes Funkeln erschien in den Augen des Mannes aus dem Mittelalter. »Ich glaube, dass ich das bald herausfinden werde«, antwortete er. »Schon sehr, sehr bald.« Dabei sah er ins Leere und in Richtung Waldrand.

Der Direktor schien als Einziger zu verstehen, was Friedrich damit meinte. »Gute Reise«, sagte er und reichte dem anderen Mann die Hand. »Ihr habt für Eure Taten bezahlt, Ritter. Geht mit der Gewissheit, dass sich die Uhr weitergedreht hat und das heutige Wittlich keinen Groll mehr gegen Euch hegt.«

»Im Gegenteil«, sagte Elias. Er grinste. »Es feiert Sie und die Sage der Säubrenner jedes Jahr aufs Neue. Und das sogar ziemlich cool! Mit Schweinebraten und allem!«

»Lebt wohl«, sagte der Raubritter. Er lächelte ein letztes Mal, drehte sich dann um und schritt auf den Waldrand zu. Wie aufs Stichwort schob sich in diesem Augenblick eine dicke Wolke vor den Mond, und die Nacht wurde sehr dunkel. Als die Wolke weitergezogen war, fehlte von Friedrich von Ehrenberg jede Spur.

»Er …« Lena staunte nicht schlecht. Bis zum Wald waren es gut fünfzig Meter. »Herr Direktor, er kann doch unmöglich schon zwischen den Bäumen verschwunden sein. Wo ist er also hin?«

Der Direktor nahm Pikrit an die Hand. »Er ist gegangen, Lena«, antwortete er. »Aus der Zeit? In die Nacht? Wer kann das schon sagen? Lassen wir ihm seinen Frieden.« Dann drehte auch er sich um und brach auf. »Kommt. Gehen wir zurück zum Fest. Ich würde liebend gern eine Runde auf diesem Riesenrad drehen.«

»Sie?« Elias prustete los. »Das hätte ich Ihnen nie im Leben zugetraut.«

»Da siehst du mal«, sagte der Internatsleiter, »wie sehr dich Vorurteile in die Irre führen. Ich *liebe* Riesenräder!«

»Pik auch«, verkündete Pikrit und hob begeistert die Arme. »Huiiii!«

Als sie die ersten Häuser der Stadt erreichten, kam ihnen Bürgermeister Feyerlich entgegen. Der Mann im Anzug wirkte, als würde er sich schämen.

»Nanu?«, wunderte sich der Direktor. »Wolltest du nicht mit den Kirmesgästen sprechen, Felix? Ihnen erklären, was vorgefallen ist, damit sie sich nicht fürchten?«

»Das wollte ich, aber es ist gar nicht nötig«, antwortete Herr Feyerlich. »Die Menschen halten das Geschehen vom Pariser Platz für eine weitere Kirmesattraktion, Hilli. Für ein kleines Theaterstück, verstehst du? Sie meinen, dass der Wolf und auch Pikrit bloß Schauspieler in Kostümen waren. Wo ich auch hinkomme, gratuliert man mir zu diesem tollen Einfall.«

Elias lächelte. »Das macht die Sache natürlich einfacher.«

»Ganz genau.« Herr Feyerlich sah zu den Zwillingen. »Aber ich habe *noch etwas* zu erledigen. Und zwar das hier.« Er griff in die Anzugtasche und zog drei goldene Karten hervor. »Die sind für euch. Damit dürft ihr für den Rest der diesjährigen Säubrennerkirmes überall kostenlos Spaß haben. In der gesamten Stadt.« Er atmete tief durch. »Ich hoffe, ihr akzeptiert das als Entschuldigung. Auch Matty Miller hat eben eine Karte bekommen.«

»Wofür solltest du dich entschuldigen müssen, lieber Felix?«, fragte der Direktor. Doch in seinem Blick lag ein wissendes Funkeln.

»Für meine Engstirnigkeit?«, schlug sein Freund vor. »Dafür, dass ich nicht zuhören wollte und viel zu gierig war? Dafür, dass deine Schüler von Anfang an recht hatten? Meine Stadt ist schön, Hilli, aber so ungerecht, wie sie damals mit den Schweinen aus der Sage umgegangen ist, so ungerecht wollte ich heute Abend mit dem Wolf umgehen. Erst deine tapferen Freunde haben mir die Augen geöffnet – durch ihren Mut und ihre furchtlose Offenheit.«

Professor von Schlotterfest nickte und hatte einen sehr zufriedenen Ausdruck auf den markanten Zügen.

»Wow!« Begeistert nahm Lena ihre goldene Karte entgegen. »Freikarten für alle Attraktionen? Auch für den Autoscooter?«

Pikrit nahm sein Ticket ebenfalls gern an. »Pik Zuckerwatte«, verkündete er und rieb sich genießerisch über den Bauch. »Ganz, ganz viel Zuckerwatte.«

»Juchhu, wir haben Freikarten!« Elias strahlte über das ganze Gesicht. »Siehst du, Lärma? So gemein sind die Säubrenner gar nicht.«

»Heute nicht mehr«, sagte Lena. »Heute absolut nicht mehr.« Dann zwinkerte sie dem Direktor wissend zu.

~

Wissenswertes über die Sagen und Legenden aus Sagenhaft Eifel!

Die Kreisstadt **Wittlich** liegt in der Südeifel, in einem Seitental der Mosel, und ist Sitz der Verbandsgemeinde Wittlich-Land. Seit fünftausend Jahren leben bereits Menschen in dieser

Gegend, und im Jahr 1065 wurde der Name der heute knapp zwanzigtausend Einwohner zählenden Ortschaft erstmalig schriftlich erwähnt. Zu ihren beliebtesten Sehenswürdigkeiten zählen das Alte Rathaus, die ehemalige Synagoge und die Kirchen.

Die **Säubrennerkirmes** gehört zu den größten Volksfesten in ganz Rheinland-Pfalz. Sie existiert seit 1950 und wird traditionsgemäß am dritten Wochenende im August gefeiert, wenn Wittlichs Schutzpatron, der heilige Rochus, Namenstag hat. Einer der Höhepunkte des alljährlichen mehrtägigen Spektakels ist die Aufführung der Säubrennersage durch Laienschauspieler im Stadtpark. Aber auch die vielen Buden, Fahrgeschäfte und Bühnen locken immer wieder Tausende von Gästen auf die Straßen und Gassen der Stadt.

Die **Sage der Säubrenner** kennt in der Wittlicher Senke vermutlich jedes Kind. Angeblich ereignete sie sich gegen Ende des 14. Jahrhunderts, als der Raubritter Friedrich von Ehrenberg die Stadt plündern wollte. Dieser Plan gelang ihm, weil eines der Stadttore – das sogenannte Himmeroder Tor – nicht mit einem Bolzen, sondern mit einer Rübe gesichert worden war und ein Schwein diese Rübe aufgefressen hatte. Nachdem sich die Wittlicher erfolgreich gegen den Ritter gewehrt hatten, ließen sie all ihre Schweine verbrennen. So wollten sie verhindern, je

wieder erobert zu werden. Noch heute zählt Schweinebraten zu den traditionellen Delikatessen der Kirmes.

Viele Sehenswürdigkeiten erinnern im heutigen Wittlich an die alte Geschichte, darunter der Brunnen auf dem Pariser Platz und natürlich die kleine Schweinchenstatue vor dem Alten Rathaus, die auch die Kapitel dieses Romans einleitet.

Das **Morbach-Monster** entstammt einer deutlich unbekannteren Sage aus dem Hunsrück, deren Details sich von Version zu Version unterscheiden können. Sie erzählt von Soldaten und anderen Menschen, die in dunklen Vollmondnächten einem waschechten Werwolf begegnet sein sollen, und von einem Heiligenhäuschen, dessen Kerzenschein die Wiederkehr des pelzigen Ungeheuers verrät. Laut einer Version der Sage wurde die unheimliche Kreatur in der Nähe von Wittlich getötet – ein Zufall, den ich unbedingt für diesen Roman nutzen musste. Ich hoffe, sowohl die Säubrenner als auch die Einwohner von Morbach sehen es mir nach.

Amerikanische Soldaten sind in der Eifel keine Seltenheit. Viele von ihnen waren einst in der Gegend stationiert, und so mancher verliebte sich in die Schönheit der Region und die offene, fröhliche Art ihrer Einwohner. Genau wie »Mad« Matty Miller aus unserer Geschichte schlugen sie in der Eifel Wurzeln und fanden eine neue Heimat.

———

Das Hörbuch

Hörbuch | Audio CD
Spieldauer ca. 160 Minuten auf 2 CDs
ungekürzte Lesung
ISBN 978-3-946328-51-3

Die Legende um »Sagenhaft Eifel! – Das Geheimnis der Säubrenner« – gelesen von Christian Humberg. Ihr erhaltet die zwei spannenden CDs in jeder Buchhandlung und natürlich in eurer *Sagenhaft-Eifel!*-Zentrale beim Eifelbildverlag in Daun.

www.sagenhaft-eifel.de

Wenn du noch mehr mit Lena, Elias und Pikrit erleben möchtest, kannst du dich auf den nächsten spannenden Roman von Christian Humberg freuen – und du kannst *Sagenhaft Eifel!* im Internet besuchen. Auf **www.sagenhaft-eifel.de** erfährst du alles über die Serie, Christians aktuelle Lesungstermine und vieles mehr.

Der Autor

Christian Humberg wuchs im Herzen der Vulkaneifel auf. Heute schreibt er Romane für große und kleine Leser, die schon in mehr als ein halbes Dutzend fremder Sprachen übersetzt wurden, und verfasst in Hollywoods Auftrag spannende Comicabenteuer für die bekannten Leinwandhelden aus *Drachenzähmen leicht gemacht, Hotel Transsilvanien* und *Wickie und die starken Männer.* Von ihm stammen unter anderem die beliebten Kinderbuchserien *Die unheimlichen Fälle des Lucius Adler* und *Die Wächter von Aquaterra* (beides Thienemann-Esslinger Verlag) sowie die bereits mehrfach fürs Theater adaptierte und von der Stiftung Lesen empfohlene *Drachengasse 13* (Schneiderbuch).

Anlässlich der Frankfurter Buchmesse wurde der Schriftsteller und Literaturübersetzer im Oktober 2015 mit dem Deutschen Phantastik-Preis ausgezeichnet. Wenn Christian mal nicht neue Geschichten erfindet, sieht man ihn oft in Schulen und Büchereien, auf Conventions und Buchmessen, wo er aus seinen Werken liest und aus dem beruflichen Nähkästchen plaudert.

Wer noch mehr über ihn wissen möchte, erfährt es unter **www.christian-humberg.de.**

Leseprobe

Hier gibt's einen kleinen Ausschnitt aus Band 4, »Der Spuk vom Laacher See«.

Das Grauen war direkt vor ihm! Jeden Augenblick konnte es losgehen und eine unfassbare Katastrophe über Elias Schäfer hereinbrechen. Doch so sehr der Junge auch nach ihr Ausschau hielt, er sah sie nicht.

»Du willst mich wohl veralbern«, schimpfte er. Sein Blick ruhte auf der Oberfläche des Laacher Sees. Er konnte aber nur das Spiegelbild seines Gesichts auf dem Wasser erkennen.

»Von wegen!« Seine Schwester Lena hockte neben ihm am Ufer und wirkte gespannt. »Da unten brodelt er. Garantiert. Das weiß hier in der Gegend echt jedes Kind.«

Elias kniff die Lider enger zusammen. Der See war einundfünfzig Meter tief und so friedlich wie ein Feriennachmittag. Schmetterlinge flatterten an seinem Ufer umher, und auf dem Wasser tanzte das Licht der Sonne. »Ein echter Vulkan?«, fragte Elias erneut. »Da unten? Der jederzeit wieder ausbrechen kann?«

Lena, die genau das vorhin behauptet hatte, nickte fest. Dann gab sie nach. »Na ja, so ungefähr. Jedenfalls sollten wir kleine Blubberbläschen im Wasser aufsteigen sehen. Die stammen von den Aktivitäten des unterirdischen Vulkans.«

»Ich sehe keine Bläschen.« Seufzend richtete Elias sich auf. Er hatte genug. Irgendwie war er sogar enttäuscht. Sollte ein Vulkansee nicht kochen und dampfen wie ein Topf voller Nudelwasser? »Und ich sehe auch keine heiße Lava oder so. Ehrlich, Lärma: Da hat dir einer einen Bären aufgebunden.«

Die Zwillinge verbrachten den Nachmittag am Laacher See, einem ebenso beliebten wie beeindruckenden Reiseziel in der Eifel. Ihre gesamte Schule, das in den nahen Buchenwäldern gelegene Internat Krähenfels, machte gerade einen Ausflug dorthin – und in das Kloster Maria Laach, das gleich neben dem See lag. Dem von Heuschnupfen geplagten Elias gefiel das Kloster mit seinen alten Mauern und der unbeschreiblich tollen Bibliothek sogar noch viel besser als der See. Der war zwar auch schön anzusehen, aber vor der rotzschleimigen Macht der Pollen war man nur hinter dichten Wänden und geschlossenen

Fenstern wirklich sicher. Die Bibliothek durften Besucher allerdings bloß nach vorheriger Anmeldung besichtigen, und die vielen anderen Räume und Korridore des alten Klosters konnten eine elfjährige Leseratte wie Elias nicht ewig fesseln.

»Direktor von Schlotterfest lügt doch nicht«, wehrte sich Lena. »Wenn er sagt, dass hier ein Vulkan ist, dann ist hier auch einer.«

Gelangweilt sah Elias sich um. Ob die anderen immer noch im Kloster waren? »Und wann ist der zuletzt ausgebrochen?«, fragte er. »Gestern bestimmt nicht, so viel ist mal sicher.«

Lena zuckte mit den Achseln. »Vor etwa dreizehntausend Jahren, sagt der Direktor.«

Ungläubig starrte er sie an. »Dreizehntau… Sag mal, spinnst du? Du schleppst mich hier raus, um mir angeblich etwas total Tolles zu zeigen, und dann ist das dreizehntausend Jahre her?«

»Der Direktor sagt, der nächste Ausbruch kann jeden Moment beginnen.«

»Klar.« Elias rollte mit den Augen. »Aber wie wahrscheinlich ist das, wenn er schon fünf Fantastilliarden von Augenblicken lang *nicht* begonnen hat?«

»Man darf die Hoffnung nie aufgeben«, rechtfertigte sie sich und grinste. »Das sagt der Direktor nämlich auch immer. Außerdem brauchtest du dringend eine Ablenkung.

Selbst die Mönche sahen dir doch schon an, wie sehr du dich langweilst. Ich dachte, hier draußen hättest du mehr Spaß als in der Klosterkirche.«

Elias seufzte. Sie meinte es gut, das wusste er. Trotzdem kitzelten ihn die elenden Pollen schon wieder in der Nase, und seine Augen tränten hinter der Brille. »*Einer* von uns hat jedenfalls Spaß«, sagte er brummend und nickte in Pikrits Richtung.

Pikrit war ein Lavaat, ein sogenanntes Vulkanteufelchen, und der beste Freund der Schäfers. Das seltsame Wesen zählte zu den Ureinwohnern der Eifel, obwohl die wenigsten Einheimischen von seiner Existenz wussten. Lavaats waren in etwa so groß wie ein kleiner Felsen und oft zu Streichen aufgelegt. Da sie sich nach Belieben unsichtbar machen konnten, kam Pikrit mit seinen Missetaten meist durch, ohne Strafen befürchten zu müssen. Die Haut des kugelrunden kleinen Kerls bestand aus getrockneter Lava, und seine Augen funkelten stets schelmisch. Pikrit konnte den ganzen Tag verschlafen; wenn er aber Hunger bekam, war kein Kieselstein vor ihm sicher.

Aktuell sah er sich nach einem weiteren Imbiss um. Lena bemerkte es und lachte laut. »He, Pik«, rief sie dem Lavaat zu, der suchend durch das hohe Gras des Seeufers strich. »Hast du heute nicht gefrühstückt?«

»Doch, hat er«, erinnerte sich Elias. »Drüben auf Burg Krähenfels, genau wie wir. Und dann hat er noch zwei

Handvoll Steine gefressen, als wir im Klostergarten von Maria Laach waren.«

»Er wollte sogar in eine der Kirchensäulen beißen«, wusste Lena. »Der Direktor konnte das gerade noch verhindern. Ein Glück, dass es sonst niemand bemerkt hat.«

»Das gehört sich nicht, Pik«, tadelte Elias ihn. »Hörst du? Das macht man nicht. Reiß dich gefälligst zusam…« Er kam nicht dazu, den Satz zu beenden. Denn ein gewaltiger Nieser machte jedes weitere Wort unmöglich.

»Muss das sein?«, stichelte Lena, kaum dass Elias schnaufend nach Luft schnappte. »Kannst du dich nicht zusammenreißen?«

»Ha ha«, schimpfte er. Fieberhaft suchte er in den Hosentaschen nach einem Taschentuch. »Ich kann nichts dafür, dass ich bei dem Wetter im Freien immer niese.«

»Und Pik kann nichts für seinen Hunger«, meinte Lena. Sie stand auf und reichte Elias ein Taschentuch. »Hier. Leg dich trocken, Bruderherz. Dann gehen wir zu Pik und helfen ihm suchen.«

Elias nickte und putzte sich kraftvoll die Nase. »Immer bekommt der, was er will. Und ich?«

»Du?« Lena lachte. »Du willst nach Hause und lesen, Hohlbirne. Das ist doch langweilig. Sieh dich nur mal um. Ist das nicht wunderschön hier?«

~

Sagenhaft Eifel!

Abenteuer in einer fantastischen Region

Der Spuk vom Laacher See

128 Seiten | 14,8 × 21 cm | Hardcover
ISBN 978-3-3946328-34-6

Hörbuch | Audio CD
Spieldauer
ca. 145 Minuten auf 2 CDs
ungekürzte Lesung
ISBN 978-3-3946328-35-3

Bereits erschienen!

Gespensteralarm am Laacher See!

Bei einem Besuch des beliebten Eifler Ausflugsziels werden die Zwillinge Lena und Elias Schäfer von einem riesigen Geisterfuchs angegriffen und geraten in ein neues, spannendes Abenteuer. Im Schatten des Klosters Maria Laach und der geheimnisumwobenen Burg Olbrück begeben sie sich auf atemberaubende Spurensuche.

Können sie das Jahrhunderte alte Rätsel der Genoveva lösen, bevor die Schrecken der Vergangenheit erneut lebendig werden? Während das Internat Krähenfels um seine Zukunft bangt, entdecken Lena, Elias und der freche Lavaat Pikrit eine große Gefahr.